商管 **全華圖書**
叢書 BUSINESS MANAGEMENT

第**2**版

Financial Innovation

金融創新

商品與模式

李顯儀　編著

二版序

　　由於金融商品設計複雜,且創新程度可有很大的變化空間,所以有時很難將某一商品,以某一特質進行精確分類。但本書仍盡量系統化的進行整理歸類,以讓讀者架構該領域的背景常識,以助於延續新觀念的連結。

　　本書此次改版,除修正初版的錯誤外,亦刪補調整部分內容;其中,增加 ETN 商品的介紹,以及濃縮有關金融科技章節的篇幅。再者,也更新實務案例以及影片檔。此外,此次改版感謝商管部編輯昱潔的細心編修,美編部優秀的排版,以及業務部門的推廣,才能讓此書順利改版發行。

　　個人對本書改版之修訂與補充雖竭盡心力,傾全力以赴,奈因個人才疏學淺,謬誤疏忽之處在所難免,敬祈各界先進賢達不吝指正,以匡不逮。若有賜教之處請 email 至:k0498@gcloud.csu.edu.tw。

李顯儀　謹識

2021 年 11 月

作者序

　　創新是一種勇於突破現況的思維與行為，它為經濟社會帶來改變，但也帶來新的商機。金融是經濟社會的一環，金融創新也是希望藉由商品或模式的演進，解決原有金融活動所碰到的問題，讓金融交易更能發揮效益，並為社會經濟發展帶來新的營運契機與動能。

　　國內的金融市場，自從 90 年代起，逐步開放新金融機構的設立，並引入外資，使得各式金融創新商品開始蓬勃發展。本書早期的相關版本，將當時創新的金融商品與操作常識，有系統的整理於書中；爾後，隨著商品不斷的推陳出新，教材內容仍與時俱進的不斷更新，以符合實務所需。當然，多年來，感謝業界與學界的支持與愛護，才能使本書不斷的往前邁進。

　　晚近，這股金融創新的浪潮，隨著網路、行動通訊等設備的普及發達；將科技創新的動能，逐步的滲透至金融營業活動之中，讓兩者激發出「金融科技」產業的誕生，也為社會經濟帶來創新的金融營運模式。

　　「金融創新」一書的內容，除了將著眼於「金融商品與操作模式」的創新外；亦將這股創新的「金融營運模式」納入其中。因此，書中的架構，將以「金融商品」與「金融模式」的創新，作為本書的兩大主軸。以下為本書的主要特點：

1. 章節架構循序漸進，內容敘述簡明易讀，並輔以豐富圖表，有利讀者自行研讀。

2. 每章節皆附數個「實務案例與其解說」，讓課本內容與實務相結合，以彰顯內容的重要性與應用性。

3. 章末附簡易的練習題，讓學生能自行檢測學習情形；另附各章題庫與詳解（教學光碟），以供教授者出習題與考題之用。

4. 提供每章相關實務影片連結檔與解說（教學光碟），讓上課內容更加貼近實務，並希望能提昇學習效果。

　　本書能順利完成，首先，感謝全華圖書對個人著作的信賴與支持，並提供個人可以盡情揮灑創作的舞台；其次，感謝全華的奇勝、芸珊在出版上的協助；編輯諮毓的精良編修、以及美編優秀的排版協助，才得使此書順利出版。再者，感謝同事與家人，在校務與家務的協助，才讓個人能較專心的投入寫作。最後，將此書獻給具教養之恩的雙親——李德政先生與林菊英女士，個人的一切成就將歸屬於他們。

　　個人對本書之撰寫雖竭盡心力，傾全力以赴，奈因個人才疏學淺，謬誤疏忽之處在所難免，敬祈各界先進賢達不吝指正，以匡不逮。若有賜教之處請 email 至：davidlsy2@yahoo.com.tw 或 davidlsy3@gmail.com。

李顯儀　謹識
2016 年 8 月

目次

第一篇　金融創新商品基礎篇

contents

第二篇　金融創新商品進階篇

4 CHAPTER 結構類型商品

5 CHAPTER 權證類型商品

6 CHAPTER 合成類型商品

目次

第三篇　金融創新模式篇

Part 1
金融創新商品
基礎篇

　　近代的金融創新發展，大致在「金融商品」與「金融模式」，這兩方面上進行著墨。「金融創新商品」的發展，早期由幾種簡單的金融現貨商品，發展出基礎的衍生性金融商品；爾後，再由這些現貨或衍生性商品，進一步發展出設計結構較為複雜的金融創新商品。「金融創新模式」乃是在原有的金融商品的運作或金融服務的架構，加入新的操作技巧或科技元素，產生新形態的金融操作或營運模式。

　　本篇主要介紹金融創新基礎商品，這些商品主要是由現貨或衍生性商品所發展出來的，這些商品的其結構設計較為單純與基礎。本篇內容包括三大章，該篇內容為學習金融創新的基礎常識與技能。

CH1　金融創新概論

CH2　基礎金融商品

CH3　基礎衍生性金融商品

CHAPTER 1
金融創新概論

本章內容為金融創新概論，主要介紹金融創新的動機與類型等內容，其內容詳見下表。

節次	節名	主要內容
1-1	金融創新的動機	介紹金融創新的六種動機。
1-2	金融創新的類型	介紹金融創新的二大類型。

本章導讀

創新是一種勇於突破現況的思維與行為，它打破傳統與常規，開啟另一個新規範與模式，當然很重要的，它要能解決問題，讓人們的生活變得更便利舒適，才有其被創造的價值。當然，近年來，常在談的金融創新，何嘗不也是同樣的道理。金融創新最重要的就是，要能解決原有金融所碰到的問題，並能開啟新的營運契機與模式，讓金融活動更能發揮效益，並為社會經濟發展帶來新的活力。以下本章將逐一介紹金融創新的動機與種類。

1-1 金融創新的動機

所謂「金融創新」（Financial Innovation）就是在突破原有的金融商品的運作或金融服務的架構，加入新的技術設計或新的科技元素，產生新形態的「金融商品」與「金融模式」。例如：將原本的基金或債券商品，加入證券化的技術，成為新形態的「證券化商品」；或者原本由銀行負責的資金移轉支付型式，現在可透過在非金融機構開立的儲值帳戶，便可完成資金的移轉與支付行為，此新的營運模式稱為「電子支付[1]」。

通常人們會進行金融創新的動機，大致上是為了解決原有金融商品或營運上所碰到的問題，希望藉由創新的技術，開啟新的營運契機與模式，讓金融服務更為便利與效益。以下本節將進一步說明金融創新的動機：

一、突破原有管制

通常金融活動會涉及資金的移轉，所以各國金融產業，通常是受到政府高度的法令監控，因此須藉由金融的創新商品或流程，去突破原有的金融管制。例如：以往國與國之間的外匯管制，使得外匯的流動產生不便；或因買賣匯差過大，使得獲利會被匯率所侵蝕，因此創造出「貨幣交換」（Currency Swap）的運作模式。又如：「歐洲美元」（Eurodollar）的誕生，也是突破美國政府法令限制的境外美元存款或貸款。再如：「存託憑證」（Depository Receipt, DR）的創立，也是突破各國證券交易制度、外匯管制等差異而來的。再如：「第三方支付」系統的資金移轉方式，也是打破資金的移轉流程，須透過銀行的金流系統，所產生的新支付工具。

二、提高投資報酬

通常金融投資報酬率的高低多寡，一直是投資人所關心的焦點。原有的金融商品在結構上經過附加條件、拆解、再組裝或證券化的過程，轉變成為新型的金融商品，可藉以提高投資報酬率與資產的利用率。例如：原本投資人將資金存放於銀行，銀行將資金再貸給企業或房屋的貸款者；現在銀行將這些貸款，經過證券化的

1 　所謂的「電子支付」又可稱「第三方支付」，此乃讓民眾於網路上，先在電子支付公司開立資金儲值帳戶，以便於將來進行網戶之間的資金流動；當民眾於網路上或實體店家進行消費支出時，只要透過這個閉環式的儲值帳戶，就可完成網戶間的資金相互移轉，不用再透過銀行居間。

程序轉變成「資產證券化」（Asset Securitization）商品，可以提高投資人的投資報酬率。又如：許多純粹的債券經過某些附加條件（如：選擇權），以形成「結構型商品」，讓投資人可獲取高於原債券所賦予的報酬率。

三、優化風險管理

通常管控投資風險，對於金融活動而言，是一項很重要課題。許多新型的金融商品的推出，都是為了規避各種風險而被創造出來的。例如：基礎的衍生性金融商品之一的「期貨商品」，其最原始被創立的動機，就是為了規避流動性與違約風險而被設計出來的。又如：「信用違約交換」（Credit Default Swap, CDS）的出現，也是為了轉嫁交易過程中的信用風險，而被發展出來的商品。再如：「浮動利率債券」（Floating Rate Bond/Note）的出現，也是為了規避利率波動的風險，才被設計出來的商品。

四、創造特殊信用

通常金融業資金往來頻繁，信用對於金融交易而言，是一項很重要的營運基礎。所以有些金融創新商品被創造出來，就是要來延長期限信用、或者代表貨幣信用。例如：一般企業發行短期票券，是以公司短期的信用取得資金，以進行短期融資使用；但「短期票券循環信用融資工具」（Note Issuance Facility, NIF）是利用短期票券循環發行，將短期信用延展為中期信用的一種創新融資商品。又如：由國際貨幣基金（IMF）所創設出來，代表貨幣信用的一種新型貨幣－「特別提款權」（Special Drawing Rights, SDR），是用來記錄會員國與會員國或會員國與 IMF 之間，資金往來的記帳單位。

五、促進商品流動

通常商品流通的順暢性，對於金融交易過程而言，是一項極須考量的重要因素。所以有許多創新的商品或操作，都是基於流動性的考量所設計出來的。例如：兩種原本流動性並不佳的金融資產，可藉由資產交換（Asset Swap）的設計，便可改善兩種資產的流動性。又如：通常發行一筆債券後，再利用「分割債券」（Stripped Bonds）的機制，將債券所需支付的利息與本金部分，按期各自獨立分割成為不同期限的「零息債券」，這樣可以增加債券的銷售流通性。

六、便利資金移轉

通常資金的流動性與安全性，對於金融交易的便利性與企業資本的形成，具有舉足輕重的重要性。近年來，拜網路通訊與行動支付的蓬勃發展，產生了許多創新的金融服務，可讓資金的移轉更具安全性，以及資本的形成更有效率。例如：為了便利網路買賣家的交易便利，所興起「電子支付」模式，就是讓資金的支付流程，更加便利與安全。又如：由電子商務科技公司所建構的許多社群平台（如：P2P[2]借貸、群眾募資、理財平台等等），這些創新的資金流通平台，可間接促成資本的形成與資金的流通。

1-2 金融創新的類型

近代，全球的金融創新趨勢的發展，大致可從「金融創新商品」與「金融創新模式」這兩方面來進行演進說明。以下將分這兩方面說明之。

一、金融創新商品

一般而言，金融商品的發展，早期由幾種簡單的「金融現貨商品」，逐步的發展出一些「基礎衍生性商品」，再進一步由金融現貨或衍生性商品，發展出一些設計結構較複雜的「結構型」與「合成型」的金融創新商品。以下將介紹由「金融現貨商品」所衍生出來的三種金融創新商品。圖 1-1 為金融商品之間的關係圖。

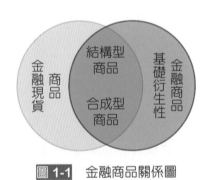

圖 1-1 金融商品關係圖

2　P2P（Peer-to-Peer）是指網路上「網戶對網戶」的相互交易模式。

（一）基礎衍生性金融商品

一般而言，現貨商品包含「實體商品」與「金融商品」。其中，實體商品，包括如：糧食類、能源類與金屬類等現貨商品；金融商品：包括如：匯率類、利率類與股價類等現貨商品。「衍生性金融商品」（Derivative Securities）是指依附於某些「實體」與「金融」標的資產所對應衍生發展出來的金融商品；其主要商品有遠期契約（Forward）、期貨契約（Futures）、選擇權契約（Option）及交換契約（Swap）四種基本類型。

上述的四種衍生性金融商品，是早期金融創新的基礎商品。近期的金融創新商品都應用這些衍生性商品的特性，再去結合現貨商品，衍生出更多結構複雜的創新商品。

（二）結構型商品

「結構型商品」（Structured Products）是指某一種標準化金融商品，在原始結構設計上發生改變，所衍生出來的變種商品；或者兩種或兩種以上的金融商品經過相連結（Linked），所衍生的連結型商品。

例如：許多債券將固定利率改為浮動利率支付，且有附帶上下限的限制，此種是標準化商品，在本身發行條件做一些調整，所演變出的結構型商品。又如：許多純債券連結贖回、賣回、轉換等選擇，已衍生出可贖回、可賣回、可轉換等類型債券。又如：在標準的選擇權商品上，在履約價格、到期日等條件，進行重新調整設定，衍生出異形選擇權（Exotic Option）。

（三）合成型商品

「合成型商品」（Synthetical Products）是指兩種或兩種以上的金融商品，經過互相混合（Hybird），所衍生出另一種混合類的新型商品；或者由單一或兩種金融商品，經過拆解（Unbundling）後，重新排列組合，以再組裝（Repackaging）成「證券化」（Securitization）類型的商品。

例如：國內金融機構發行許多「連動債[3]」，其實就是一種以「零息債券」為基底，再與股價、利率、匯率等選擇權，相混合組成「保本型債券」或「高收益債券」。又如：近年來國內銀行所推出的「目標可贖回遠期合約」（Target

---

3 國內的連動債，實務上又稱為「結構債」，在本書歸類為合成型商品，詳見本書第六章之說明。

Redemption Forward, TRF），嚴格說來是由兩個選擇權組合而成的合成型商品。再如：導致美國次級房貸金融危機事件的「資產證券化商品」，就是將銀行的各種貸款轉化成債券類型的證券化商品。

20 世紀最重要的金融創新被動打敗主動
ETF 走向「大尾」之路

圖文資料來源：節錄自臺灣銀行家 2020/09/07

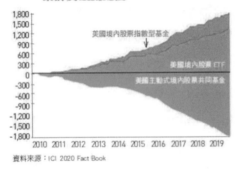

圖3 流入指數型基金與傳統共同基金之累計資金流比較

資料來源：ICI 2020 Fact Book

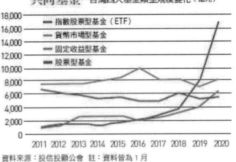

圖4 ETF超越傳統基金，成台灣規模最大共同基金─台灣四大基金類型規模變化（億元）

資料來源：投信投顧公會　註：資料皆為 1 月

　　自 1993 年全球第一檔由道富資產管理所發行，追蹤 S&P500 的 SPDR 問世以來，由於大受投資人歡迎，除了各種股票指數的 ETF 發展迅速外，更開枝散葉，其他多種資產也紛紛推出各種相應的產品。據 2019 年底美國銀行（Bank of America）的分析，ETF 持有的全球資產已膨脹至創紀錄的 6 兆美元，不到 4 年即跳升逾倍。其中，美國仍是最大市場：美國 ETF 資產規模從 10 年前的 7,700 億美元，以逾 20% 的年增率迅速成長，目前市場整體規模已站上 4.3 兆美元。美銀預測，若按此速度發展，2020 年底，美國 ETF 的資產管理規模可能上看 5.3 兆美元，到 2030 年將達到 50 兆美元。

　　作為對照組，主動式管理的傳統共同基金，近 10 年來的規模成長不增反減，投資人的資金大量從主動式共同基金中流出，轉而流入到 ETF 與指數型基金（Index Fund）等被動式投資產品。以美國為例，從 2010 至 2019 年，ETF 產品共流入約 1.3 兆美元，主動型基金則是流失約 1.8 兆美元。

臺灣 ETF 發展創多項第一，爆紅成為國民投資工具

ETF 為何在臺灣紅得這麼快？至少有 3 個原因：一方面，臺灣最喜主動投資，自行管理，以戰後嬰兒潮及 X 世代前段班為代表的人口團塊，已逐漸退休或老化。這些經歷「全民瘋股」熱，最活躍的投資人，由於生命週期的改變，投資觀念也出現轉變。伴隨著全球高齡化、少子化的趨勢，現在投資重點，已從追求高絕對報酬，轉向著重永續經營。

再者，歷經 2008 年金融危機的衝擊後，許多金融消費者也漸漸體悟，即使將資金交給專業人員管理，但由於市場變幻莫測，永遠沒有人能正確預測並打敗大盤，因此與其交給人管理，不如採取被動投資，反而是比較穩健的方式。

對於年輕世代而言，由於資金有限，自己投資很難做到風險分散，同時許多金融商品有一定進入門檻，交易成本也高，ETF 恰好有低進入門檻、風險分散與手續和管理費用低等特色，對年輕人而言相當具吸引力。此外，長期低利時代來臨，由於利差空間縮小，主動管理方式，為了僅僅增加 1% 的獲利，可能要冒的風險與投資壓力，較過去往往倍增。因此在成本效益上，ETF 提供一個相當平衡的投資方式。

ETF 商品多元化挑戰

但並不是說 ETF 是一種完美的投資商品。事實上，ETF 的挑戰在於，隨著發展日趨多元，衍生出許多例如槓桿、反向、主動式打敗大盤（smart beta）等較高風險的 ETF；以及像共同基金一樣，誕生許多令人眼花撩亂的「主題式」ETF。這些 ETF 慢慢地背離了當時誕生的初衷，與共同基金、衍生性商品的界線變得模糊。若以電影分級來比喻各種 ETF 的風險屬性，追蹤台股的 ETF 算是普遍級，風險較單純；連結海外股票或債券的 ETF 屬於保護級，最好對國際情勢、跨市場交易及國際匯利率風險有所認知再入手，期貨、槓桿反向 ETF 更不用說，是限制級，屬於短線進出的投資工具。

「指數股票型基金（ETF）之父」柏格（Bogle）創辦的先鋒（Vanguard）集團，以指數型投資為主，是全球資產規模最大的基金公司。柏格創辦的公司是全球最大 ETF 發行商之一，但他本人卻是有名的反對 ETF 論者（他在任時，Vanguard 並無發行任何 ETF）。他擔心，越來越多的投資者使用 ETF，但卻有許多人將 ETF 當作是短期交易的工具，已經變成投機工具，他認為是對指數投資的一種誤用。

20世紀是金融創新商品蓬勃發展的年代，各式各樣的金融創新商品，如雨後春筍大量的冒出。其中，ETF不乏是市場中，耀眼的明星。自從ETF推出後，不僅在全球大行其道，在國內也風光滿面。但ETF的創造者卻提出警語：許多人將ETF當作是短期交易的工具，若已變成投機工具，這對指數投資是一種誤用。

二、金融創新模式

　　金融創新除了在商品外，另一方面則為模式方面。有關金融創新模式大致可從「金融創新操作模式」與「金融創新營運模式」這兩方面進行說明。

（一）金融創新操作模式

　　「金融創新操作」是指將金融商品透過某些特殊的機制，進行操作買賣，以達到保護本金、鎖定套利、規避風險、提高利益、增加流動性、或調整市場結構等等目的。

　　例如：「債券增額」（Reopening Bond）發行機制，讓同期公債分成多次發行，藉以增加同期公債之籌碼，並延續債券的流動性。又如：「扭轉操作」（Operation Twist, OT）；又稱「庫券互換操作」是指央行利用賣出（買入）短期債券（國庫券），並同時買進（賣出）長期債券的操作方式，企圖在不影響市場資金下，去調整利率期限結構。

（二）金融創新營運模式

　　「金融創新營運」是指金融服務方式，不藉由傳統的金融機構（如：銀行），而是由「電子商務科技公司」（簡稱：電商公司）所主導，並透過網路、行動與感知裝置等設備的聯繫所建構而成。通常營運模式是以「互聯網」（Internet）與「物聯網」（Internet of Things, IoT）建構運作模式，將網路交易產生的巨量資訊，先

經過「雲端運算」（Cloud Computing）的存取，並再將資訊透過「大數據分析」
（Big Data）、「人工智慧」(Artificial Intelligence)、「區塊鏈」（Blockchain）與
生物辨識（Biometric）等技術的處理後，以提供即時、效率與安全的資訊、以及交
易模式，讓業者進行「支付」、「社群」以及「電商（影子）」等三種金融創新服
務。

金融創新服務是指由科技（Technology）滲入金融（Financial），讓兩者相融
合，產生了一種創新的「金融科技」（Financial Technology, FinTech）產業。以下
將針對「金融科技」產業，所提供的三大金融創新服務型態進行說明。圖 1-2 為金
融創新營運模式架構圖。

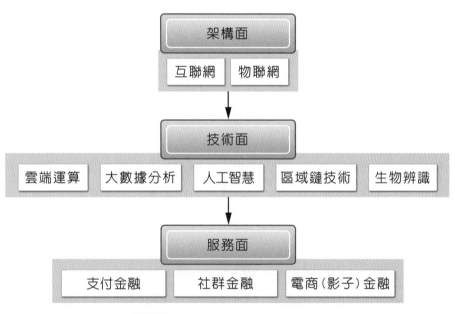

圖 1-2 金融創新營運模式架構圖

1. 支付金融

近年來，為了協助網路買賣雙方的交易便利，興起的另一種由「非銀行」居間仲介
的資金移轉模式，稱為「電子支付」、也可稱為「第三方支付」。一般網戶只要在
電子支付公司所設立的帳戶內有儲值金，雙方可以在封閉式的帳戶內進行 P2P 資金
移轉，不用再透過銀行居間轉帳。近期，拜智慧型手機的普及發達，又讓原本靜態
的電子支付儲值帳戶延伸至可以進行「行動支付」的電子錢包，大大的提升使用的
便利性與廣泛性。

例如：消費者於網路平台購買商品，買賣雙方可利用彼此的電子支付帳戶進行資金移轉，此交易也稱 C2C（Consumer to Consumer），且此交易行為亦可擴展利用智慧型手機來進行，所以也是行動支付的一環。

2. 社群金融

社群金融是指人們加入電商公司，所設立的網路社群，並利用社群所提供的交易平台（如：P2P 借貸、匯兌、籌資、虛擬貨幣交易平台等），開啟資金貸、匯兌等各種金融服務模式。因在互聯網的網絡中，每一個網戶個體都是中心，大家藉由互聯互通的網路，彼此供需交流，讓資源可被充分的利用與分配，已達共享經濟之境界。

例如：小額資金的供需雙方，可透過電商公司，所架設的「P2P 借貸平台」，進行資金的借貸。又如：需要資金的微型企業，可藉由電商公司，所架設的「群眾募資平台」，利用小額投資人的資金籌措到創業資金。例如：電商公司成立「虛擬貨幣交易平台」，提供各種虛擬貨幣買賣的撮合交易。

3. 電商金融

電商金融，又稱「影子金融」，是指由非傳統金融機構（如：電商公司），從事金融相關業務的經營。通常每個國家的金融體系，是受到該國政府單位嚴格的監管。但由於有些國家（如：中國），因金融監管制度並不明確，再加上互聯網的發達，所以讓影子金融得到發揮的空間。電商金融乃由電商公司所設置的「第三方支付轉帳」系統中，因網戶在閉環式的「儲值帳戶」裡，累積了龐大的資金，電商公司便利用這些資金，從事起類似銀行的「徵信放款」、「信託投資」、「財富管理」、「投資銀行」與「直銷銀行」等多項的影子金融業務。

例如：中國─阿里巴巴電子商務公司，就是將眾多網戶在「支付寶」儲值帳戶內，暫時不用的閒置資金，全部集結起來放入另一個共同帳戶─「餘額寶」，再將「餘額寶」內的資金，幫所有網戶投資貨幣型基金，以幫網戶創造更高的投資收益；此種創新的金融營運模式，有點類似傳統銀行信託業務中「集合管理運用帳戶[4]」。

又如：電商公司亦可將將眾多網戶在儲值帳戶裡的小額資金籌集起來，針對互聯網的網戶進行放款（如：阿里小貸）、或者成立理財平台（如：招財寶），為互聯網的網戶進行投資理財。

---

4 「集合管理運用帳戶」是指銀行信託部集合特定信託人，簽訂「集合管理運用契約」，並幫委託人集中管理運用資金。

金融**大**視界

未來必關注的 5 大金融科技趨勢

圖文資料來源：摘錄自 Think Fintech 2020/01/03

所有指標都顯示，金融科技可以改善金融服務並使之自動化的新技術的投資正在飛速增長。這項投資將節省大量時間和成本，並提高金融機構的服務水準。這是每個人都應該注意的 5 大金融科技趨勢，因為它們會影響涉及金錢的一切。

1. 通過大數據和人工智能進行個人化服務

多年來，行銷專家一直推崇個人化服務的好處，可以吸引客戶並保持忠誠。如今，借助大數據和人工智能幫助我們處理這一切，存儲和驅動數據見解，超個性化已成為前所未有的規模。金融機構現在可以獲得有關其客戶的行為以及社交和瀏覽歷史的信息。AI 促進了這些見解的實時全通道集成，從而在資訊最相關和最有用時為其客戶提供個性化的一對一營銷體驗。

2. 機器人流程自動化（RPA）

在 2020 年期間，機器人流程自動化（RPA）將繼續影響金融機構，以幫助它們提高效率和效力，並幫助確保它們滿足聯邦和州的合規性要求。當今，無需對高級 RPA 進行明確編程即可執行任務，它們可以簡單地觀察人類的行為，然後自動化或建議改進流程。這包括客戶入職，驗證，風險評估，安全檢查，數據分析和報告，合規性流程以及大多數其他重複性管理活動等流程。

3. CHATBOT

據 Gartner 稱，到 2020 年，聊天機器人將與 85% 的銀行和企業的客戶進行交流，可減少人力與客戶交流，效率和速度得以提高。實際上，根據一份報

告，金融聊天機器人在每次互動中節省了四分鐘以上的時間。由於自然語言處理和語音生成方面的進步，這是一個蓬勃發展的領域。金融機構的客戶已經開始依靠對話界面來提供服務，對查詢的即時響應以及快速的投訴解決方案，從而大大改善了個人銀行業務。

4. 區塊鏈

區塊鏈是一種分散特殊的不可變化的數位文件，它正在破壞金融機構，區塊鏈可以使金融服務業的效率更高。由於欺詐和身份盜用每年給金融機構造成數十億美元的損失，因此區塊鏈有潛力挽救整個行業免遭這些重大損失。預計到 2023 年，美國金融科技領域的區塊鏈將達到 67 億美元。金融機構將使用區塊鏈進行智能合約，數字支付，身份管理和交易股票。

5. 線上支付

金融技術領域的最新大事之一是線上支付行業的發展。由於全球消費者對現金的依賴程度降低，移動支付創新甚至可能會取消我們的傳統錢包。Google、蘋果、騰訊和阿里巴巴已經擁有了自己的支付平台，並繼續推出新功能，例如：生物識別，感應指紋和臉部識別支付。微信支付是中國最受歡迎的支付方式之一，每天被數億用戶使用。阿里巴巴的支付寶第三方在線和移動支付平台，現在是世界上最大的移動支付平台。

解說

近年來，金融科技產業蓬勃發展，其所發展的技術與服務都可提高金融服務的水準。這個產業的發展未來有 5 大趨勢是值得關注，分別為大數據和人工智能所提供的個人化服務、機器人流程自動化、聊天機器人、區塊鏈與線上支付等。

	創新金融商品，為長者找最大依靠 https://www.youtube.com/watch?v=3EDTTUlnlU0 國內金融機構積極推出創新金融商品，為長者謀福利。其中，大都屬於結合保險、養老年金、或保本基金商品。這些商品都希望藉由創新，提高投資報酬。
	新興金融科技來了 銀行靠邊站 https://www.youtube.com/watch?v=PA8ocXcTC7w 近年來科技產業的發達，且滲入金融業，讓兩者相融合，產生了一種創新的金融科技產業。這個創新產業，將逐漸顛覆原來的金融運作模式。

本章習題

1. 請問金融創新的動機有哪些？

2. 請問金融創新，大致可分為哪兩方面？

3. 請問金融科技產業，大致上提供哪些類型的金融服務型態？

CHAPTER 2
基礎金融商品

　　本章內容為基礎金融商品，主要介紹股權、債權、外匯與基金等類型的金融商品，其內容詳見下表。

節次	節名	主要內容
2-1	股權類型商品	介紹普通股與特別股相關的衍生性商品。
2-2	債權類型商品	介紹短期票券與債券相關的衍生性商品。
2-3	外匯類型商品	介紹轉換型與投資型外幣存款之相關商品。
2-4	基金類型商品	介紹幾種特殊型式的基金商品。

本章導讀

　　所有的金融創新商品，都是源自於基礎的金融現貨商品。所以要介紹結構較為複雜的金融創新商品前，本章首先介紹幾種由「基礎金融商品」，所衍生的「結構型」或「合成型」商品。這些商品的設計相對較為簡易，以作為往後幾章創新商品的基礎。以下本章將逐一介紹股權、債權、外匯與基金等類型的創新金融商品。

2-1 股權類型商品

　　基本上，公司的股權種類可分成兩類，分別為「普通股」（Stock）與「特別股」（Preferred Stock）。普通股是當公司成立時，用來募集資金時，發行給出資人，以表彰出資人對公司所有權的有價證券。特別股通常用於公司有特別資金需求時，所發行的有價證券，但其對公司的權利與義務，並不同於普通股，有其特別的優惠與限制。以下將介紹這兩種股權商品，所衍生的一些相關的創新商品。

一、普通股

　　通常普通股具有股價波動較大，以及領取浮動股利的特性。以下將介紹兩種與這兩種特性相關的普通股衍生性商品。

（一）可賣回股票

　　可賣回股票（Putable Stock）是指投資人可依事先與公司約定的股價，將股票賣回給發行公司。當公司股價大幅下跌時，持有可賣回股票的投資人，可以要求公司要用之前雙方，所約定的股價買回股票。通常此類型股票最常運用在公司發行新股（IPO）時，因新股股價被低估或暴跌時，投資人可依約定價格將股票賣回給公司，以保障基本的獲利。

（二）可贖回累積股票

　　可贖回累積股票（Preferred Equity Redemption Cumulative Stocks, PERCS）是指發行公司可以依與股東事先約定的股價，贖回公司的股票。通常此類股票，用於當公司營業狀況與股價都不是很好的時候，公司為了保留現金，不想多發股利給大股東，於是與原大股東協議提供兩種方案，供他們選擇。

　　其一就是繼續持有公司股票，但只能領取較低的股利，也就是正常的普通股型式；另一可轉換成 PERCS，就可以領取較高的股利，但當公司股票上漲至雙方約定價格時，公司可以將股票贖回。所以持有 PERCS 的股東，可以優先獲取較高的股利收益，但公司股價上漲至預先約定價格時，公司將贖回該公司股票，投資人只能領取現在股價與約定價格之間的價差。

例如：某家公司現在股價為 30 元，若股東繼續持有股票每年只能領取 1 元股利；若轉換成公司所發行的 PERCS，則每年可以領取 2 元股利，但當公司股價上漲至 40 元時，公司有權將股東手中的公司股票贖回。

二、特別股

通常特別股被認為介於普通股與債券之間的一種「折衷證券」，一方面可享有固定股利的收益，近似於債券；另一方面又可表彰其對公司的所有權，在某些情形下甚至可享有投票表決權，故亦類似於普通股。特別股的發行種類，隨著被賦予的權利與義務不同，可劃分為許多種類，通常這些被附帶的權利與義務，在發行前就必須先約定。以下將介紹幾種被賦予較特殊權利的特別股。

（一）可調整股利特別股

通常特別股股利是採取固定股利，但「可調整股利特別股」（Convertible Adjustable Preferred Stock, CAPS）是指特別股的股利採取浮動支付，而非傳統的固定股利，因此所領取的股利率為浮動的方式，所以也稱之為「浮動利率特別股」（Floating Rate Preferred Stock）。

此外，若浮動股利率的指標基準（Benchmark），是依據貨幣市場中的商業本票利率的變動情形，則此類稱為「貨幣市場特別股」（Convertible Money Market Preferred Stock, CMMPS）。另外，特別股股利亦可採取逐年遞增或遞減的方式，去調整支付，則此類稱為「股利遞增或遞減特別股」（Step-up/Step-down Preferred Stock）。

（二）可贖回特別股

可贖回特別股（Callable Preferred Stock）是指特別股發行一段時間以後，公司可按事先約定價格，贖回特別股，並將本金歸還給投資人。

（三）可轉換特別股

可轉換特別股（Convertible Preferred Stock）是指特別股流通一段期間以後，投資人可以依據事先約定的價格，轉換成公司的普通股。

（四）可轉換可交換特別股

可轉換可交換特別股（Convertible Exchangeable Preferred Stock, CEPS）是指投資人除了有權轉換成公司的「普通股」，同時也允許轉換成公司所發行的「可轉換公司債」。因此該類該特別股，是具有兩種轉換權。

2-2 債權類型商品

基本上，公司的債權的部分，除了部分採取間接金融的方式，也就是向銀行借款外；另一部分就是採取直接金融方式，發行有價證券來籌措資金。通常公司發行債務憑證，可分為短期的「票券」（Bills）、以及長期的「債券」（Bonds）兩種型式。以下本文將針對這兩種債務憑證，所衍生的一些創新商品進行介紹。

一、票券類

通常票券市場的主要交易工具，包括政府發行的國庫券（Treasury Bills, TB）、企業發行的商業本票（Commercial Paper, CP）、銀行承兌匯票（Banker Acceptance, BA）、以及銀行發行的銀行可轉讓定期存單（Bank Negotiable Certificates of Deposit, NCD）等這四種基本的商品。這四種商品基本上，都是屬於短期負債，但實務上經過發行的設計調整，可巧妙的轉換成長期債務工具，以下介紹兩種相關的融資工具。

（一）短期票券循環信用融資工具（NIF）

短期票券循環信用融資工具（Note Issuance Facility, NIF）乃由銀行提供企業一段長期間（1 年以上），可發行票券額度的承諾，企業可在銀行承諾期間內的任何時點，發行商業本票（CP）或銀行承兌匯票（BA），以籌措資金，以因應短期營運資金之需求。該項產品雖屬於貨幣市場工具，但具長期負債的特性，且不會壓低公司的流動比率，與資本市場中的融資工具－公司債具有同樣融資效果。

此外，發行 NIF 時，公司可依據本身資金及營運狀況，決定發行的時點、期限及金額，也不需經過主管機關的核准（發行公司債需金管會核准），所以較不受到掣肘，讓公司資金調度具有彈性。且由銀行團競標 NIF，所取得的資金，通常較銀行放款利率還低廉，所以可降低借款成本。

（二）固定利率貨幣市場工具（FRCP or FRBA）

固定利率貨幣市場工具（Fixed Rate CP or BA）是由銀行提供企業一個長期（1年以上）的授信額度，企業則可在約定的期間內，依本身資金的需求，以「固定利率」發行商業本票或銀行承兌匯票，以籌措資金。此工具跟 NIF 一樣，雖為貨幣市場工具，但具有中期的融資效果。且由於公司發行任何天期的 CP 或 BA，皆是採取固定利率，因此較 NIF 具有鎖住利率上揚風險的優點。

金融大視界

玉山銀、遠傳　簽永續指數連結商業本票

資料來源：摘錄自工商時報 2021/05/24

玉山銀行宣布與遠傳電信簽訂新台幣 15 億元「永續指數連結商業本票」，此為臺灣首家金融業以永續指數連結發行商業本票（FRCP），也是繼與裕民航運簽署永續指數連結貸款後，再次透過金融專業協助企業實踐 ESG，為推動臺灣永續發展盡心力。

玉山銀行持續推動永續連結金融產品，除考量企業財務績效表現，也關注企業 ESG 發展進程及目標，鼓勵企業夥伴訂定長期永續績效目標，若公司實際達成，玉山透過利費率優惠給予支持。

以永續指數連結發行商業本票（FRCP）為例，是企業透過票券公司經由貨幣市場發行的籌資方式，可鎖定特定期間的資金成本，讓企業在拓展營運的同時，也能兼顧 ESG 的實際行動，實現永續經營。

此外，遠傳電信全力發展 5G 創新運用，自行開發遠距診療服務平台，以「做公益而非做生意」的心態，推動「醫療零偏鄉」的願景，本次與玉山銀行簽署永續指數連結循環發行商業本票（FRCP），可更加落實企業永續發展策略，善用核心技術與創新思維，發揮資通訊產業的影響力，積極落實企業的社會責任。

解說

　　近期，國內積極推展「永續金融」。國內玉山銀行協助遠傳電信發行永續指數連結「固定利率商業本票（FRCP）」，並將取得資金用於落實企業的社會責任與實現永續經營之目標。

二、債券類

　　通常債券市場的主要交易工具，包括政府發行的公債（Government Bonds）、企業發行的公司債（Corporate Bonds）、以及銀行發行的金融債券（Bank Debentures）這三種基本的商品。該商品最基本的特色就是「定期領息、到期還本」。但在實務上，發行債券時，經常會依據公司本身的需求，而附加許多其他條件或條款，使得債券的種類不勝枚舉。以下將介紹幾種較普遍與基礎的債券商品。

（一）有擔保債券

　　有擔保債券（Guaranteed Bonds）是指公司提供資產作為抵押品，並經由金融機構保證；或沒有提供擔保品，但銀行願意提供債權人保本保息之承諾。所以債權人具有相當的保障，安全性較高。若發行公司發生債務危機，無法履行還本付息的義務時，則保證機構必須負起還本付息的責任，當然保證機構須向發行公司收取保證費。

（二）無擔保公司債

　　無擔保公司債（Non-Guaranteed Bonds）又稱為「信用債券」（Debenture），公司債發行公司未提供任何不動產或有價證券等，作為擔保抵押的擔保品，或無第三人保證所發行之公司債。對投資人而言，因無任何擔保債權的保障，所以投資風險性相對提高，因而無法保護投資大眾，故公司法對發行無擔保公司債有較嚴格的限制。

（三）抵押債券

抵押債券（Mortgage Bonds）是以公司資產作爲抵押品所發行之債券，此類公司債係以受託人爲抵押債權人，並監督債務人履行借款契約，以保障公司債持有人的權益。若發行公司破產而遭清算時，抵押債券債權人具有優先處分資產的權利，但不完全保證一定可以拿回全部的本息，這是與有擔保公司債的不同點。

（四）浮動利率債券

浮動利率債券（Floating Rate Bonds）乃指債券的票面利率，採取浮動利息的支付方式。通常債券契約上訂定票面利率的方式，是以某種指標利率作爲基準後，再依發行公司的條件不同，而有不同的加、減碼額度。國外常用的指標利率爲「英國倫敦銀行同業拆款利率」（London Inter Bank Offer Rate, LIBOR）；而國內常以金融業隔夜拆款利率、銀行一年期定儲利率、以及商業本票的次級市場利率爲指標。

（五）零息債券

零息債券（Zero Coupon Bonds）是債券面額不載票面利率，發行機構從發行到還本期間不發放利息，到期依面額償還本金，以「貼現」方式發行。由於零息債券發行期間不支付利息，所以面臨的利率風險較一般債券高，且對利率波動較敏感，因此通常發行期限不會太長。

（六）次順位債券

次順位債券（Subordinated Debenture）是指若發行公司因破產而遭清算時，其求償順位次於發行公司的一般債權人，對資產的請求權較一般債權人低，但仍高於特別股、普通股股東。

（七）巨災債券

巨災債券（Catastrophe Bonds）是指爲了因應重大天然災害所發行的債券。通常保險公司在發生重大天然災害，因必須付出高額的保險金而無力償還時，會發生倒閉危機，此時可透過發行巨災債券來募集資金，以支應高額的保險金。

（八）永續發展債券

企業為了因應 2015 年聯合國所發布的「永續發展目標」（SDGs），透過發行債券方式籌資，將資金投入與環境、社會責任以及公司治理等有關的計畫。永續發展債券包括：「綠色債券」（Green Bonds）、「社會債券」（Social Bonds）及「可持續發展債券」（Sustainability Bonds）等三類債券。

「綠色債券」乃將募集資金投入綠色投資計畫，如：環保、節能、減碳等，希望能對環境帶來正面的效益。「社會債券」乃將募集資金投入有關落實企業經營所應擔負的社會責任，如：維持公司永續發展、增進社會公益與維護自然環境等，希望能對社會責任具正面幫助。「可持續發展債券」乃將募集資金投入環境、社會以及公司治理等層面，希望能對 ESG 具正面幫助。

金融大視界

遠東新　推首檔社會責任債

圖文資料來源：摘錄自經濟日報 2021/05/25

遠東新世紀公司發行多檔企業首檔永續發展相關債券

發行日	發行量(新台幣億元)	年期	利率(%)	備註
2018/1/8	30	5	0.95	第一檔民營企業綠色債券
2020/12/21	38	5	0.54	第一檔企業可持續發展債券
2021/05/24	12	5	0.52	第一檔企業社會債券

資料來源：凱基證　　　　　盧宏奇／製表

凱基證券擔任多檔發行人首檔永續發展相關債券之主辦承銷商

發行人	發行日	發行量(新台幣億元)	年期	利率(%)	備註
台灣中油	2017/9/20	28	10	1.16	第一檔綠色公司債
台灣電力	2017/12/15	56	7	1.04	第一檔台灣電力綠色公司債
		27	10	1.15	
遠東新世紀	2018/1/8	30	5	0.95	第一檔民營企業綠色債券
法商東方匯理銀行台北分行	2020/3/27	20	5	0.60	該分行第一檔綠色債券
遠東新世紀	2021/5/24	12	5	0.52	第一檔企業社會債券

資料來源：凱基證　　　　　盧宏奇／製表

遠東新為國內企業勇於創新的先行者,並響應政府推動永續發展政策 2018 年初發行其國內第一檔企業綠色債券,並於去年底率先依聯合國 17 個永續發展目標（SDGs）建立永續債券框架發行國內第一檔企業可持續發展債券,且此框架設計將可作為未來綠色、可持續及社會責任債的發行依據。

凱基證券表示,遠東新本次募集資金的社會效益投資計畫,涵蓋保障弱勢族群、提供 COVID-19 抗疫物資以及在地採購、支持中小企業於疫情期間維持員工就業等具社會效益的項目,此也呼應遠東新以創新的思維引領社會發展,提昇人民福祉的企業使命。

凱基證券近年致力於響應政府推動永續金融政策,協助企業將資金投入對環境改善及社會效益等投資計畫,過去亦擔任多檔永續發展相關債券的主辦承銷商,包含主辦臺灣首檔綠色公司債（臺灣中油首檔綠色債券）、主辦臺灣電力首檔綠色公司債、主辦臺灣首檔民營企業綠色債券（遠東新首檔綠色債券）以及主辦法商東方匯理銀行台北分行首檔綠色債券。

這些實績皆展現凱基證券近年來在永續發展債券承銷市場的積極參與度,並藉由協助相關企業及金融發行者,於資本市場順利籌資、成長茁壯,亦符合開發金控成為業界 ESG（環境、社會、公司治理）領頭羊目標,並將落實責任以積極發揮金融影響力,為永續發展貢獻一分心力。

解說

近期,國內企業—遠東集團發行首檔「社會債券」,並由凱基證券負責承銷。遠東集團此次將募得資金投入於社會效益的投資計畫上,其包括:保障弱勢族群、協助抗疫等多項具社會效益的項目。此也呼應該集團以創新的思維引領社會發展,提昇人民福祉的企業使命。

金融大視界

瑞信將發行新型債券 可為自身造成的災難提供保險

圖文資料來源：摘錄自華爾街日報 2016/05/17

一家公司可以仰賴債券投資者為會計差錯提供保險嗎？瑞士信貸集團（Credit Suisse Group AG）打算試一試。該行計劃最發行不同尋常的新型債券，這種債券將向投資者支付相對較高的利息。知情人士稱，如果欺詐交易、信息技術故障甚至會計差錯等事件帶來了大規模虧損，瑞士信貸將拿走投資者的本金。

這種不同尋常的債券是「巨災債券」的首個此類變種。數年來保險商一直在利用巨災債券，來規避颶風等自然災害帶來的風險。不過，瑞士信貸的債券不僅涵蓋外部重大事件，也涵蓋自身造成的災難。這些債券已經開始向對沖基金及其他大型投資者推介。

如果瑞士信貸年度運營風險相關虧損超過 35 億美元，這種債券的保險特性就會被觸發。不過該債券是一種「第二事件債券」（Second-event Bond），這給投資者帶來一定緩衝。單個事件可以計入的最高損失為 30 億美元，這意味著發生至少兩個重大事件才會觸發債券的保險特性。知情人士稱，這種情形出現的概率很低，瑞士信貸估計大約為五百分之一。

瑞士信貸計劃通過百慕達公司，向合格的機構投資者發行至多 6.3 億瑞士法郎（約 6.45 億美元）的 5 年期債券，這些機構包括對沖基金、資產管理機構和幫退休基金打理資金的公司。發行這些債券是瑞士信貸一項計劃中的一部分，該計劃還涉及由蘇黎世保險集團發行金額不超過 7 億法郎的保單。知情人士稱，債券發行的規模和保單限額，最終將取決於投資者的興趣。

解說

通常巨災債券是為了因應重大的「天然災害」所發行的債券，但全球知名的金融機構—「瑞士信貸集團」，為了規避「自身會計差錯」時，將對公司造成嚴重虧損時，擬發行「類巨災債券」來彌補損失。此種債券為巨災債券的變種，且公司須同時發生兩個重大事件，才會觸發債券的發行，所以又稱為「第二事件債券」。

2-3 外匯類型商品

一般而言，外匯（Foreign Exchange）狹義的定義：即為外國的通貨（Foreign Currency）或稱外幣。廣義的定義：則不侷限於外幣，舉凡所有對外國通貨的請求權且可用於國際支付或實現購買力，並能夠在國際間移轉流通的外幣資金，包含：外幣現鈔、銀行的外幣存款、外匯支票、本票、匯票及外幣有價證券等，皆可統稱為「外匯」。

一般而言，外匯市場的投資商品，包含：外幣存款、遠期外匯、換匯（匯率交換）、外匯選擇權、外匯保證金、換匯換利（貨幣交換）交易等多種交易方式。上述外匯投資商品中，除了外幣存款外，其餘皆是衍生性的金融商品，這些外匯相關的衍生性商品，本書將分述以後各章。以下本節將介紹，以外幣存款為主的相關衍生性投資商品。

通常外幣存款，除了最基本的單一貨幣的存款外，許多銀行還會推出不同幣別相互轉換的「轉換型外幣存款」、以及結合衍生性商品的「投資型外幣存款」。以下將分別介紹這兩種存款。

一、轉換型外幣存款

通常存款投資人將一筆資金存入外幣的活期存款內，除了可享有活期存款的便利外，亦可隨時向銀行要求本金及利息的計算方式，可以連結其他幣別、或者兩種外幣的匯差。其目的爲提供更多樣的外匯理財工具，給對匯率不同看法的投資人參考與選擇，亦提供避險功能。以下介紹幾種型式：

（一）利息連結其它幣別

通常投資人承作 A 貨幣的外幣定存，但利息收入連結同天期 B 貨幣的利息。

 例 2-1【轉換型外幣存款－利息連結其它幣別】

假設投資人承作美元轉換型外幣存款，期限三個月期，利息連結同天期的澳幣存款利息為 2.4%，若投資人承作 10 萬美元，利息收入為何？

 解

$$100,000 \times (2.4\% \times \frac{3}{12}) = 600 \text{ 美元}$$

（二）利息連結兩幣匯差

通常投資人承作 A 貨幣的外幣定存，但到期時領回的利息，是隨著 A 貨幣對 B 貨幣的匯率漲跌而定。

 例 2-2【轉換型外幣存款－利息連結兩幣匯差】

假設投資人承作三個月期的美元外幣存款，金額為 10 萬美元，存款利息將視美元兌人民幣匯率而定；若承作當時美元兌人民幣即期匯率為 6.65，三個月後到期時，美元兌人民幣即期匯率為 6.85，則投資人到期的利息收入為何？

 解

$$\left[100,000 \times (\frac{6.85 - 6.65}{6.65})\right] = 3,007.5 \text{ 美元}$$

（三）本金利息連結兩幣匯差

通常投資人承作 A 貨幣的外幣定存，到期時利息收入，除了 A 貨幣利息收入外，再加上到期時 A 貨幣對 B 貨幣的匯兌損益。

 例 2-3【轉換型外幣存款－本金利息連結兩幣匯差】

假設投資人承作三個月期利息為 5.6% 的美元外幣存款，金額為 10 萬美元；若承作當時美元兌日圓即期匯率為 120，三個月後到期時，美元兌日圓即期匯率為 125，則投資人到期的利息收入為何？

 解

$$100,000 \times (\frac{5.6\%}{4} + \frac{125-120}{120}) = 5,567 \text{ 美元}$$

二、投資型外幣存款

通常投資型外幣存款是結合外幣定期存款與選擇權的理財商品，又稱為「雙元貨幣投資型商品」（Dual Currency Investment, DCI），此種商品兼具投資與保本功能，不純粹只有存款，所以不在國內的存款保險保障範圍內。基本上，此類外幣存款在市場上，大概可分成以下三種類型：

（一）利息結合買進選擇權

通常投資人的存款本金，仍放在銀行的定存帳戶，但將定期存款利息預先提撥出來，交給銀行去支付置入匯率選擇權的權利金。

若投資方向與市場走勢相同，則可以獲得比定存更高的收益。如果投資方向與市場走勢相反，可以不必執行該選擇權，頂多損失存款利息（亦即權利金），但不致於侵蝕本金。所以該種型式，兼具保本與投資的特性。

例 2-4【投資型外幣存款－利息結合買進選擇權】

某投資人承作 6 月期美元外幣存款,並將 2% 的利息收入,支付日圓匯率買權的權利金,履約價格 1US=110JPY,假設現在日圓即期匯率為 110US/JPY。

1. 若將來 6 個月後日圓匯率低於 110,則將損失利息的部分。

2. 若將來選擇權到期時,日圓匯率介於 110~115 之間或以上,則有相對應的報酬率(見下表)。

匯率區間	110-111	111.1-112	112.1-113	113.1-114	114.1-115	115 以上
報酬率	1.0%	2.0%	3.0%	4.0%	5.0%	5.0%

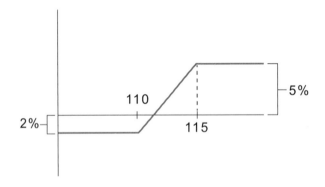

(二)本金結合賣出選擇權

通常投資人將外幣存款的本金當作擔保品,並賣出與外幣存款價值對等之匯率選擇權(買權或賣權),賣出選擇權所得之權利金,可增加原定存之收益率。

若投資方向與市場走勢相同,則可以獲得比定存更高的收益(權利金＋定存利息)。若投資方向與市場走勢相反,選擇權到期時,買方若有履約價值,將執行選擇權,此時投資人原有的外幣部位,將被換成其它幣別;若投資人沒有該幣別的需求,則必須再兌回原來幣別,將會有匯兌風險。所以該種型式,可增加利息收入,但不具保本的特性。

例 2-5【投資型外幣存款－本金結合賣出選擇權】

某投資人承作 6 月期美元外幣存款，此外幣存款將本金投入，賣出與外幣存款價值對等的歐元匯率賣權，履約價格為 1Euro=0.875US，此時將會有權利金收入約 2.4%，再加上原有外幣存款利息 1.6%。

1. 若選擇權合約到期歐元匯率高於 0.875，投資人將會有 4%（2.4% + 1.6%）的收益率。

2. 若歐元走勢不如預期，到期時歐元匯率低於 0.875，此時歐元選擇權買方要求履約，投資人必須將美元換成歐元；若投資人沒有歐元需求，必須兌回美元，將會有匯兌風險。

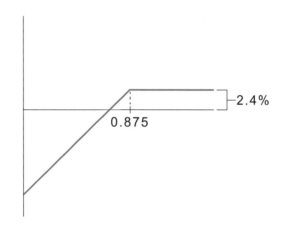

（三）利息結合買進選擇權＋本金結合賣出選擇權[1]

此類型為上述兩種的結合。投資人將定期存款利息提撥出來，購買選擇權；並將存款本金當作擔保品，賣出與外幣存款價值對等之匯率選擇權。

此種利用買賣選擇權因權利金的差異，來增加收益率的收入，若行情對自己有利，會增加收益率；若行情對自己不利，仍會有有匯兌風險。所以該種型式，擁有投資特性、但不具保本功能。

1　此種「買進買權」再加上「賣出賣權」的組成，若兩種選擇權的履約價格以及權利金不同時，將組成區間遠期合約（Range Forward），這也是「目標可贖回遠期合約」（TRF）的其中一種樣式。有關此種商品的介紹，將在本書第六章再進一步說明。

【例 2-6】投資型外幣存款－利息結合買進選擇權＋本金結合賣出選擇權

某投資人承作 6 月期美元外幣存款，此外幣存款將本金投入，賣出歐元匯率賣權，履約價格為 1Euro=0.88US，此時會有權利金收入約 2.6%，在將其中的 1.4%，去買入歐元匯率買權，履約價格為 1Euro=0.92US，此時權利金剩 1.2%，再加上原有外幣利息 1.3%，則有 2.5% 收益率。

1. 若選擇權合約到期歐元匯率高於 0.92，投資人將會有比 2.5% 還高的收益率。

2. 若歐元介於 0.88~0.92 之間，投資人有 2.5% 收益率。

3. 若到期時歐元匯率低於 0.88，此時歐元選擇權買方要求履約，投資人必須將美元換成歐元，若沒有歐元需求，必須兌回美元，會有匯兌風險。

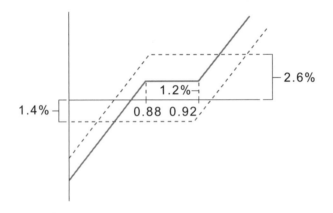

2-4 基金類型商品

　　共同基金（Mutual Fund）是指集合眾多小額投資人的資金，並委託專業投資機構代為管理運用，其投資收益與風險則歸原投資人共同享有與分攤的一種投資工具，此又稱「證券投資信託基金」。一般普羅大眾所熟知的基金型式，不外乎股票型、債券型、貨幣型等類型，這些基本類型的投資操作方式都較為單純；由於近年來基金公司，為了因應各種投資人的需求，使得基金的發行樣式與操作手法，日漸多元與繁複，所以衍生出許多種特殊類型的基金，以提供給投資人多樣的選擇。以下簡介幾種特殊型式的基金。

一、避險型基金

避險型基金（Hedge Fund）又稱「對沖型基金」；或稱「套利型基金」（Arbitrage Fund）。通常一般民眾容易被「避險」表面上的字義所誤解，認為該基金主要是為投資人規避風險所設的基金；其實不然，實質上它是一種積極型的投資性基金。基本上，避險型基金是運用金融市場上的各種金融工具（如：股票、債券、期貨、外匯及選擇權等），進行極其複雜的金融操作，並承擔高風險，以獲取高收益為目的。例如：最常見的操作策略乃利用兩種波動性相關係數極高的商品，其價格間發生價差時，可買進價格偏低的商品，同時賣出價格偏高的商品，以鎖住中間的價差利潤。

二、保本型基金

保本型基金（Guaranteed Fund），其特色在於投資基金一定期間後，投信承諾投資人可以領回全部或一定比例的本金，以強調保本的功能。其操作模式乃先將大部分的本金投資於固定收益證券，以孳生利息，當投資到期時，讓基金先具有回收本金的保障；然後再將期初投資固定收益商品所剩的少數本金，投資於衍生性金融商品，以獲取額外的收益。所以當基金到期時，投資的部分有獲利，投資人除可獲得本金保障外，還可依據事先約定的比率分紅；若投資失敗，投資人至少可回收一定比例或全部的本金。

通常保本型基金為了將資金先投入固定收益商品，以強調保本功能，所以此種基金會設定「投資期限」，且也會設定本金的「保本率」，以及投資衍生性商品獲利部分可分紅的「參與率」。所以若當衍生性商品市場行情與投資人預期相同時，投資人除可獲得本金保障外，另可依據事先約定的比率（參與率）分紅；當衍生性商品市場行情與投資人預期相反時，至少可依約定到期時，由投信保證並取回本金。因此基金所設定的「保本率」，在期限到期時，本金擔保才有效；若在未到期之前，提前解約贖回，不但沒保證，且通常會加收懲罰性手續費。

【例 2-7】保本型基金

假設某檔保本型基金，若保本率設定為 98%，參與率設定為 90%，若某投資人投資 100 萬元，請問下列兩種情形，投資人可以領回多少錢？

1. 投資衍生性商品並無獲利？

2. 投資衍生性商品獲利 30 萬元？

 解

1. 至少領回保本的 98%，100 萬 ×98% = 98 萬

2. 投資衍生性商品獲利 30 萬元，可分紅 30 萬 ×90% = 27 萬

   所以投資人共可領回 98 萬 + 27 萬 = 125 萬元

三、雨傘型基金

雨傘型基金（Umbrella Fund）是由投信公司將旗下數檔子基金（Sub-funds）包裝成一個組合商品，將數個子基金納入在一個傘型基金的結構下。通常傘型下的子基金種類包括股票型、債券型、平衡型、保本型、組合型、指數型等等各類型的基金，且投資範圍亦包含全球各市場。此外，傘型基金本身不是獨立的主體，本身沒有獨立的淨值與規模，其旗下的子基金是獨立的主體，並不是標的物。

投資人若投資此檔傘型基金，通常享有可以在一定期間內，依據自己的投資屬性的需要，任意的轉換傘型內的子基金，除可節省轉換費用外，也可使投資更為有效益。此外，此類設計對基金公司而言，提供投資人一定次數的免費轉換條件，誘使投資人將資金留存於公司的旗下基金。

四、組合型基金

組合型基金（Fund of Fund），又稱「基金中的基金」。此類基金是將資金直接投資於數種不同類型的基金，其包括股票型、債券型、平衡型、指數型、全球股票型、全球債券型及全球平衡型基金等。此外，組合型基金本身是獨立的主體，本身具有獨立的淨值與規模，其所投資的子基金是標的物。

投資人選擇這類型基金的好處，是可以同時投資不同類型的基金，分散投資風險；且等於有數個基金經理人，幫投資人操盤投資，所以專業性較一般型的基金高。但投資人在未獲利前，必須先付出兩層次的管理費用，所以交易成本較直接買賣一般型基金高。

五、目標日期基金

目標日期基金（Target Date Fund）為「生命週期基金」（Life Cycle Fund）的一種，此基金的特色為在基金的目標期限內，基金經理人依據投資人，在人生不同的階段中，所追求的財富目標與風險承擔能力的不同，經理人幫投資人自動調整資產組合，以達到最佳的資產配置。通常此類基金會根據投資人，欲持有該基金的時間長短來調整資產，以滿足投資人在不同期間的需求。一般而言，若現在離基金到期日愈遠，則股票投資比重愈高，以較積極的參與股市，追求較高報酬的收益；爾後，愈接近目標日期時，逐步調升債券投資比重，將資產轉進固定收益工具，以追求穩定成長。

通常此種基金會有到期日，投資人依據自己的資金規劃，可以選擇 5~10 年（保守型）、10~20 年（穩健型）、20~30 年（積極型）後到期的目標日期基金。所以基金公司會成立一系列不同目標風險水準的基金，以供投資人選擇；且基金名稱也多以「成長型」、「穩健型」、「保守型」加以命名。因此投資人依據本身的風險偏好，選擇適合自己的目標風險基金（Target Risk Funds, TRF）。

六、絕對報酬基金

絕對報酬基金（Commodity Traded Advisor, CTA）是指主要利用電腦程式進行多空操作，其追求獲利的目標，乃希望獲取絕對的正報酬。相較於其他相對報酬基金而言，該類基金績效不用與大盤指數相比較，因為不管將來市場如何變動，基金績效都必須實現正報酬。所以該類基金的操作大部份都採取中長期趨勢追蹤策略，所以績效相當穩定。此外，該類型基金亦屬於「無人基金」的範疇。

至於市場常見的「期貨基金」（Future Fund），也是屬於絕對報酬基金的一種，因為該類基金大都利用電腦程式，進行期貨部位的多空交易，因此獲利與波動均相對穩定。

七、無人基金

無人基金（Unmanned Fund）顧名思義就是基金沒有經理人來負責操盤管理，完全交由電腦系統（或稱機器人）來負責風險控管，以決定基金何時進場買賣股票以及買賣何種股票。由於近年來人工智慧的進步，利用機器人來操盤，可避免基金受到人為情緒性的干擾，而造成不理性的追高殺低現象；而且投資人所支付給基金的管理費，亦可較一般的基金低廉。但此類基金，由電腦設定該選擇何種股票、何時買賣，所以可以避免套牢，但也會失去較大的獲利機會。因此無人基金較不易出現驚人的報酬率，且波動率也較低、獲利也較穩定。

八、資產配置基金

資產配置基金（Asset Allocation Fund）又稱為「多重收益基金」，其乃利用投資理論中「資產配置」觀念。基金經理人根據全球經濟和金融情勢的變化，建構一個多元資產的投資組合。其基金的投資組合標的，通常涵蓋全球各市場的股票、債券、票券、以及各類型基金（如：ETF、REITs）等多元資產。此基金收益來源較多樣，非傳統平衡型基金只有股票與債券的配置可以匹敵，所以不僅可以降低風險，收益亦相對穩定且持續，基金績效表現較穩健。

 金融大視界

目標日期基金　幫你存老本

圖文資料來源：摘錄自經濟日報 2020/09/04

國泰泰享退基金定期定額一年報酬率			
基金名稱／扣款日	2日	12日	22日
2029目標日期組合基金	9.4	9.0	9.8
2039目標日期組合基金	12.5	12.1	13.0
2049目標日期組合基金	13.6	13.0	13.9
資料來源：Morningstar 統計自2019/8/2至2020/7/31		單位：%	
		高瑜君／製表	

　　長期存退休金，定期定額是最棒的方法，這是根據自己多年親身體驗後得到的驗證。他說，定期定額做法簡單，只要長期有紀律地執行即可，透過時間分散以及複利效果，可以克服人性的貪婪與害怕等問題，投資人千萬別輕忽定期定額的時間與複利帶來的效果。

　　國泰投信為好享退專案量身定做推出的目標日期基金，概念十分簡單，投資人只要決定自己距離退休的年限有多長，再選擇最接近自己退休年份的投資標的，目前有泰享退系列 2029、2039、2049 目標日期組合基金可以選擇，也就是現在投資，在 2020、2039、2049 可以開始領回退休金。

　　在國外，目標日期基金就是多數退休基金選擇的標的，因其理念是化繁為簡，簡化投資人選擇的難度，將最難的部分都交給專業經理人，最能夠切合臺灣民眾的退休需求。退休規劃是需要長期投資，以定期定額方式，透過時間的複利魔法來累積退休金，民眾要做的就是投資了以後不停扣，只需要持之以恆投資就可以了。

　　以國泰投信泰享退系列 2029/2039/2049 目標日期組合基金為例，如果從 2019 年 8 月開始定期定額扣款至 7 月底剛好滿一年，檢視其投資報酬率，不論是每月 2 號、12 號或 22 號扣款，3 檔基金投資報酬率最少有 9.0% 至 13.9%。

　　整體而言，定期定額投資真的不需要考慮何時扣款或進出場時間點，要做的只是堅持下去。低利率時代，投資理財要選對會賺錢的投資工具，才能打敗通膨，不會讓錢愈來愈薄。

　　目標日期基金是多數人進行退休規劃的投資標的之一，因投資人可依據自己的退休日期選擇適合自己的基金，並利用定期定額方式，長期透過時間的複利下，應可累積不錯的績效。

金融
FOCUS

富邦金特別股年息 4.1%　殖利率勝定存！

https://www.youtube.com/watch?v=WUmJZJunopo

富邦金控發行 7 年後可贖回的特別股，特別股每年固定配息，報酬率高達 4.1%，比現在的定存利息還要高，所以投資人趨之若鶩。

國庫券模式 新北首創發行市庫券

https://www.youtube.com/watch?v=ps6VBa5vybk

新北市首次發行類似國庫券的「市庫券」，此乃地方政府創新的籌資商品，藉以彌補短期財政缺口。由於成本較低廉，所以是不錯的資金調度工具。

七年級生靠外幣定存 累積第一桶金

https://www.youtube.com/watch?v=9ecj08qEqUE

現在台幣利息低的可憐，許多投資人轉戰外幣存款，除了利息較高外，又有匯兌的收益、亦可在不同幣別之間互相轉換，提供投資人多元的選擇。

蔡瀛陽境外公司解密 名嘴：為避險基金

https://www.youtube.com/watch?v=XvGhz5v-PEU

避險基金的操作手法，有時較具爭議，但投資績效仍具吸引力。所以國內有許多資金大戶至海外開立創設公司，主要就是為了投資避險型基金。

1. 請問可轉換可交換特別股，允許特別股可以換成哪兩種商品？

2. 請問票券創新商品中，NIF 與 FRCP 的差異為何？

3. 請寫出擔保債券與抵押債券的差異？

4. 假設某投資人承作三個月期利息為 3.6% 的美元外幣存款，金額為 10 萬美元。該存款利息除了美元利息外，在加上美元對日圓的匯兌損益。若承作當時美元兌日圓即期匯率為 110，三個月後到期時，美元兌日圓即期匯率為 115，則投資人到期的利息收入為何？

5. 假設某檔保本型基金，若保本率設定為 95%，參與率設定為 80%，若某投資人投資 100 萬元，請問下列兩種情形，投資人可以領回多少錢？

   (1) 投資衍生性商品並無獲利？

   (2) 投資衍生性商品獲利 25 萬元？

6. 何謂絕對報酬基金？

NOTE

CHAPTER 3

基礎衍生性金融商品

本章內容為基礎衍生性金融商品,主要介紹遠期、期貨、選擇權與金融交換等類型商品,其內容詳見下表。

節次	節名	主要內容
3-1	遠期類型商品	介紹五種遠期合約的相關商品。
3-2	期貨類型商品	介紹三大類型的期貨商品。
3-3	選擇權類型商品	介紹四種選擇權的基本型式。
3-4	金融交換類型商品	介紹五種金融交換的相關商品。

 本章 導讀

衍生性金融商品是指依附於某些實體標的資產,所對應衍生發展出來的金融商品。這些金融商品大都以「無實體」合約的方式呈現,其最原始的功能是提供避險的需要,但因合約設計上的方便,亦提供套利或投機的功能。以下本章將介紹四種基礎的衍生性商品(遠期、期貨、選擇權、金融交換),以及相關所衍生的再衍生性商品。

3-1 遠期類型商品

　　遠期合約（Forward Contract）是衍生性金融商品中，最基本的組合要素。所有衍生性商品的設計原理，均可由遠期合約變化而來。通常「期貨合約」就是將遠期合約予以標準化而得的；「交換合約」其實就是由一連串的遠期合約所組合而成；「選擇權合約」也是運用遠期的時間概念，所發展而來。因此遠期合約是所有衍生性商品的開端。

　　遠期合約是指買賣雙方約定在未來的某一特定時間，以期初約定的價格，來買賣一定數量及規格的商品；當約定期限到期時，雙方即依期初所簽定的合約來履行交割。通常遠期合約是一種店頭市場商品，合約的交易雙方必須自己去找交易對手，所以存在著尋找交易對手的成本、以及交易對手的違約風險之問題。所以實務上，通常交易對手都是以「銀行（金融機構）」為主，這樣比較可以節省交易成本、以及規避違約風險。因此公司在從事避險活動時，可能也會考慮此種避險方式，因為遠期合約仍具有量身訂作的特殊性，是期貨商品所無法完成取代的。以下將介紹幾種常見的遠期合約商品。

一、遠期利率合約

　　遠期利率合約（Forward Rate Agreement, FRA）是指交易雙方依據某一相同貨幣的利率，約定在未來的某一特定期間內，依合約期初約定利率與期末實際收支利率的差額，進行現金結算。通常遠期利率合約交易，只對利息淨差額進行清算，並無本金之交換。其實，遠期利率合約便是「利率交換」（Interest Rate Swap, IRS）之前身，利率交換可視為分段的遠期利率合約；或說遠期利率合約是單一期的利率交換。

　　在遠期利率合約中，交易雙方須相互協議，以某種浮動利率當作交易的參考利率（Reference Rate）。通常國際間是以「英國倫敦銀行同業間拆款利率（LIBOR）」為浮動利率的基礎。交易雙方大部分以銀行為居間，銀行會針對願意支付或收取固定利息的部分，進行買賣報價。通常對固定利息的支付，為銀行對FRA的買價；對固定利息的收取，為銀行對FRA的賣價。

所以 FRA 交易雙方，在期初約定一段期間後，由一方鎖定一種固定利率的收支，另一方鎖定一種浮動利率的收支，雙方在結算日進行利息差額的清算。有關遠期利率的交易圖，詳見圖 3-1 的說明。有關遠期利率的交易範例，詳見例 3-1。

圖 3-1　遠期利率的交易示意圖

 【例 3-1】遠期利率交易

假設甲公司基於避險需求，與乙銀行簽定 3 個月後的 3 個月期遠期利率協定 (3×6)，契約金額 1,000 萬美元，交易雙方約定甲公司支付固定利率 4% 給乙銀行，乙銀行在 3 個月後，以當時的 3 個月期 LIBOR 支付給甲公司。若 3 個月後，當時的 3 個月期 LIBOR 利率為 5%，則雙方之收益如何？

 解

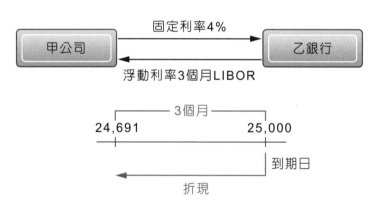

此合約期限為 3 個月，則到期時利息差額為

$$10,000,000 \times (5\% - 4\%) \times \frac{3}{12} = 25,000$$

遠期利率契約通常以結算日，來進行清算金額，所以到期時損益，必須折現至結算日。所以甲公司實質的收益為 $\dfrac{25,000}{(1 + 5\% \times \dfrac{3}{12})} = 24,691$

所以，乙銀行損失 24,691（美元）

二、遠期匯率合約

遠期匯率合約（Forward Exchange Contract）是指交易雙方彼此約定在未來某一特定時日，依事先約定之匯率進行外匯買賣的合約。通常承做遠期匯率都是由銀行居間，銀行提供匯率的買價與賣價的雙向報價，且的合約期限以半年以下居多，最長不得超過一年，必要時得展期一次。國內依據中央銀行的現行規定，銀行與客戶之間的遠期外匯買賣合約的保證金額度，由銀行與客戶彼此議定之。通常承做遠期外匯的客戶，必須是有實際的外匯的供給與需求者，客戶必須提供訂單、信用狀或商業發票等相關交易交件，以茲證明其實質需要。

通常交易雙方要簽定遠期外匯合約時，銀行必須對各種期限的遠期匯率進行報價。關於遠期外匯價格的計算，一般而言，是採取「利率平價說」（Interest Rate Parity Theory），來解釋遠期匯率和即期匯率之間差異的關係。「利率平價說」是假設在無風險、無套利的機會下，將相同的金額分別投資於兩國資產；期末時，兩種資產報酬率應無差異。若投資於兩國的報酬有差異時，則兩國的利率差距應該會等於遠期外匯的升貼水。有關遠期匯率的交易範例，詳見例 3-2。

 【例 3-2】遠期匯率訂價

某一出口商半年後，預計可收到一筆美元，若現在半年期美元利率 2.5%，半年期新台幣利率 2.8%，現在美元兌新台幣即期匯率 32.5，請問半年期遠期匯率為何？

根據利率平價說，在無套利情形下，現在將新台幣 1 元，存入台幣存款，半年後可以得到台幣本利和為 $(1 + 2.8\% \times \frac{6}{12})$ 新台幣。

若現在將這新台幣 1 元馬上換成美元，只能換取 $\frac{1}{32.5}$ 美元，再將美元存入美元存款，半年後可以得到美元本利和為 $\frac{1}{32.5} \times (1 + 2.5\% \times \frac{6}{12})$ 美元，再將這些美元以當時匯率 f（亦即半年後的遠期匯率）兌回台幣，應該等於台幣本利和為 $(1 + 2.8\% \times \frac{6}{12})$。

因此根據上述兩者關係式如下：

$$(1 + 2.8\% \times \frac{6}{12}) = \frac{1}{32.5} \times (1 + 2.5\% \times \frac{6}{12}) \times f \Rightarrow f = 32.548 \text{ 。}$$

所以半年期的遠期匯率為 32.548。

 【例 3-3】遠期外匯交易

假設某進口商預計三個月後，將支付一筆 100 萬美元款項給外國廠商，因預期美元將升值，於是跟銀行買進三個期的美元遠期外匯，美元兌新台幣遠期匯率為 28.25；若三個月到期時，美元兌新台幣即期匯率為 28.35，請問廠商的避險損益為何？

若三個月到期時，廠商原本須以 28.35 兌換美元，但承作買入遠期後，可以用 28.25 兌換，所以可以減少匯兌損失 (28.35 － 28.25) × 1,000,000 = 100,000 元新台幣。

三、無本金交割遠期外匯交易

　　「無本金交割遠期外匯」（Non-Delivery Forward, NDF）是指交易雙方約定在未來某一特定日期，雙方依期初合約所約定的匯率、與到期時即期匯率的差額進行清算，且無需交換本金的一種遠期外匯交易。其實 NDF 與傳統的遠期外匯（Delivery Forward, DF）交易的差異在於，傳統遠期外匯交易須要有實際的外匯供給與需求者；但承作 NDF 不須提供交易憑證（即實質商業交易所產生的發票、信用狀及訂單等憑證），也無須本金交割、亦無交易期限限制。

　　因為 NDF 是一種十分方便的避險工具，相對的也具有濃厚的投機性質。所以 NDF 長久以來，一直被中央銀行視為國外投機客炒作新台幣的工具，也曾於亞洲金融風暴後一年（1998 年），就被央行禁止承作。近期，由於金管會鼓吹「金融進口替代」政策後，現我國央行僅開放國內銀行的境外分行（OBU），可承作新台幣的 NDF 業務，雖可交易但仍有諸多限制。

通常承作無本金交割遠期外匯，銀行的報價方式如同遠期外匯，採雙向報價法，但大多數以換匯「點數報價」為主，也就是只報出遠期與即期之間的差額。由於 NDF 屬於較投機的交易工具，因此在報價上，買賣匯價的差距會較傳統遠期外匯（DF）來得寬一些。以下表 3-1 為 NDF 與 DF 利用換匯點數報價的情形。有關無本金交割遠期外匯的的交易範例，詳見例 3-4。

表 3-1 NDF 與 DF 換匯點數報價表

換匯點報價　　天期	NDF（無本金遠期外匯）	DF（傳統遠期外匯）
一個月	0.08/0.1	0.025/0.04
二個月	0.13/0.16	0.06/0.09
四個月	0.23/0.27	0.11/0.18
六個月	0.4/0.45	0.19/0.24

註：單位（台幣／美元）

【例 3-4】無本金交割遠期外匯

某廠商和銀行簽定 1 個月預購 100 萬美元的 NDF 合約，假設現在美元兌新台幣匯率為 33.0，換匯點 0.05 元（亦即 NDF 報價為 33.05），若一個月後台幣貶值至 33.2 元，則廠商獲利為何？

(33.2 − 33.05) × 1,000,000 = 150,000 新台幣

金融大視界

炒匯疑雲，彭淮南曾評 NDF「投資客最好的武器」

資料來源：摘錄自中央社 2020/08/13

　　近日國內匯市最大條消息，莫過於市場傳出有廠商透過遠期外匯交易套利，有炒匯之嫌，央行因而大動作金檢外銀；市場推測掀起風暴的可能主角之一 NDF，央行前總裁彭淮南曾評論「投機客發動攻擊時最好的武器和工具」。

　　外界也關注，央行大動作金檢，是否發現有炒匯情形；匯銀人士分析，因為是遠期交易，現在 NDF（無本金交割遠期外匯）與遠期外匯（DF）存在一些空間，如果廠商買 NDF、賣 DF，就可達到「買低賣高」的套利效果。

　　NDF 對匯率的影響較顯著，因此央行禁止國內法人在國內銀行承作新台幣 NDF 交易，廠商得透過外銀在海外交易；而當初國內禁止原因，彭淮南曾以一句話形容「NDF 是投機客發動攻擊時最好的武器和工具」。

　　彭淮南任內一直強力反對 NDF，央行報告指出，1997 年 7 月爆發亞洲金融風暴後，國外投機客經常在亞洲市場炒作 NDF，也經由臺灣原先開放的管道炒作新台幣 NDF，曾經一天搶購數億美元之多，導致新台幣匯率大幅貶值。央行看到 NDF 的後患，決定於 1998 年 5 月禁止國內法人在國內銀行承作新台幣 NDF 交易，臺灣也得以在亞洲金融危機全身而退。

解說

　　長久以來，NDF 一直被視為炒匯的一項利器。國內自 1998 年 5 月就禁止境內銀行承作新台幣 NDF，至今仍未開放。主要原因就是避免有心人士，藉此工具進行炒匯。

四、外匯保證金交易

外匯保證金交易（Margin Trading）是指客戶只要存入一定成數的外幣金額，當作履約保證，並運用槓桿作用，來操作買賣外匯的交易方式。通常外匯保證金交易是一種以小搏大，具有高報酬、高風險的外匯投資工具。

通常承作外匯保證金交易，各金融機構承作合約的限制不同，一般保證金約繳買賣金額的 10% 左右（原始保證金），當操作外匯保證金活動損失至一定成數時（約 50%，也稱維持保證金）則金融機構會發出追繳保證金通告，要求客戶需補足保證金差額至原始保證金。若保證金損失達一定成數時（約 75%），金融機構可以在不經客戶同意情況下自行將操作部位平倉，也就是俗稱的「斷頭」。有關外匯保證金的交易範例，詳見例 3-5。以下表 3-2 為國內各金融機構之外匯保證金交易比較表：

表 3-2　國內各金融機構外匯保證金交易比較表

	最低保證金	操作信用倍數	追加保證金通知	停止損失
合庫銀行	1 萬美元	10 倍	損失 50%	損失 70%
遠東銀行	1 萬美元	10 倍	損失 50%	損失 70%
第一銀行	1 萬美元	10 倍	損失 60%	損失 75%
群益期貨	各標的外幣的 3.33%~5%	20~30 倍	損失 85%	損失 50%

資料來源：各金融機構網站

【例 3-5】外匯保證金

某投資人與 A 銀行承作一筆 10 萬美元的外匯保證金交易，存入 1 萬美元做為保證金，並下單買日圓。若當時美元兌日圓的匯率成交為 115 元，則

1. 一個月後，日幣升值至 110 元，則獲利多少？

2. 若規定維持保證金為本金之 50%，則日圓在何價位時，需補繳保證金？

解

1. 日圓從 115 升值至 110 則獲利

$$\frac{(115-110)\times100,000}{110}=4,445.45 \text{ 美元}$$

2. 當日圓從 115 貶值至 X 價位時需補繳保證金 50%

$$-5,000=\frac{(115-X)\times100,000}{X}\Rightarrow X=121.0526$$

當日圓貶至 121.0526 元時需補繳保證金。

五、債券遠期交易

債券遠期（Bond Forward）交易是指債券買賣雙方約定未來某一時日，以特定的價格（或利率），以進行債券的買賣。遠期債券交易乃提供債券交易商與投資人，一項債券投資與避險的管道。國內由櫃檯買賣中心於 2003 年 3 月，已開放遠期債券交易。現在國內的櫃檯買賣中心，為了積極推動遠期利率的參考性指標，於是建置國內債券遠期的交易平台，以提供國內交易者使用。

表 3-3 為國內櫃檯買賣中心的債券遠期交易平台，所提供的合約規格說明。有關債券遠期交易範例，詳見例 3-6。

表 3-3 國內債券遠期交易合約規格

合約規格	規格說明
標的債券	距到期日一年以上之中央登錄公債
契約期限	1、2、3 及 4 週
契約交易單位	新台幣五千萬元
報價方式	殖利率
交割方式	應採實物交割，但雙方同意採現金交割者，得從其約定。

資料來源：臺灣櫃檯買賣中心

【例 3-6】債券遠期交易

假設某客戶對債市後市看法偏空，於 9 月 1 日賣出一個月的遠期債券，成交殖利率為 1.80%，存續期間為 5，金額 5,000 萬元的公債。假設在 9 月 5 日客戶以 1.90% 買進遠期公債，將部位軋平，則客戶損益如何？

 解

利用債券存續期間概算，債券交易的損益，其計算式如下：

$\triangle P = MD \times \triangle r$（$\triangle P$ 為債券價差，MD 為債券的存續期間，$\triangle r$ 為利率差異）

$\triangle P = 50,000,000 \times (1.90\% - 1.80\%) \times 5 = 250,000$

 金融大視界

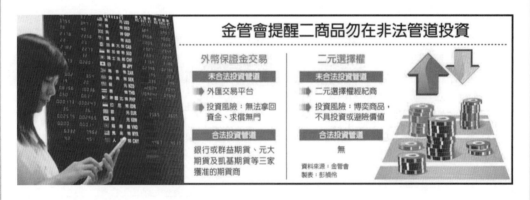

金管會點名兩大非法商品

圖文資料來源：節錄自工商時報 2019/02/13

金管會提醒民眾，網路所謂「合法外匯交易平台」、二元選擇權等，都是未經金管會准許銷售的「非合法金融商品」，近期有民眾檢舉透過所謂外匯交易平台從事外幣保證金交易，之後卻無法拿回資金，單筆損失有 1.2 萬美元（約近新台幣 37 萬元）。

證期局副局長表示，除非是一些銀行或三家獲准的期貨商，即群益期貨、元大期貨及凱基期貨（其中凱基期尚未開辦）經營的外匯槓桿保證金交易，其他都是「非法」管道，提醒民眾不要輕信網路平台或臺灣所謂的仲介人員。

另外，是網路平台也發生過「二元選擇權（Binary Option）」的詐騙案，臺灣與歐盟都認定二元選擇權其實並不是投資商品，也不具避險功能，投資人只是下注一段時間後標的資產的「漲」或「跌」，結果不是拿到一筆固定金額，就是什麼都拿不回來，等於是「博弈」。金管會表示，二元選擇權通常是透過網路或未受規範的管道進行交易，所謂的「經紀商」其實並不是實際的經紀商，投資人其實是跟所謂「經紀商」對賭，在國外已發生多起詐騙及交易糾紛案例。

不過若在網路上搜尋「外匯交易平台」，仍是有多家號稱「合法」、「值得信賴」的外匯交易平台，可供投資人進行交易，金管會表示，近期有投資人來金管會檢舉，透過這類平台從事外幣保證金交易，事後申請出金，卻沒有辦法取回款項，且聯繫臺灣的代表人也聯繫不上，因此希望金管會協助拿回投資的錢。

解說

市場上，常常有宣稱「合法」、「值得信賴」的外匯交易平台，供投資人進行「外匯保證金」與「二元選擇權」交易。金管會表示這些外匯交易平台，都是非經金管會核准的，因此投資人當心受騙。

3-2 期貨類型商品

　　一般而言，期貨的商品種類的設計，是基於現貨交易的需求而來。人們在進行現貨交易時，會因哪些商品的價格變動過大而產生風險，那就會針對這些商品設計出期貨合約來進行避險。通常較常見的期貨商品可分為「商品期貨」及「金融期貨」兩大類。其中「商品期貨」又可分農畜產品、金屬、能源以及軟性商品期貨等類型；「金融期貨」又可分外匯、利率及股價指數期貨等類型。

　　除了上述商品與金融期貨兩大類型外，近年來期貨市場還發展出「新興期貨」商品，例如：與天氣變化相關的「氣候期貨」商品、與某些物質指數波動相關的「特殊指數期貨」商品，還有某些會影響人類生計的「其他類型的期貨」商品。以下將分別介紹之。

一、商品期貨

　　一般而言，商品期貨（Commodity Futures）大致又可分為「農畜產品」、「金屬」、「能源」以及「軟性商品」期貨等。

（一）農畜產品期貨

　　農畜產品期貨（Agricultural Futures），包括：農產品（如：小麥、黃豆、玉米、黃豆油與黃豆粉等穀物）、家畜產品（如：牛、幼牛、豬腩及活豬等）以及相關的農林加工產品（如：黃豆油、黃豆粉、雞蛋及木材等）商品。

（二）金屬期貨

　　金屬期貨（Metallic Futures），包括：貴金屬期貨（如：黃金、白銀等）、以及基本金屬期貨（如：銅、鋁、鎳、錫、鋅、鉛與鉑等）。

（三）能源期貨

　　能源期貨（Energy Futures），包括：原油及其附屬產品的燃油、汽油等、以及其他能源類產品（如：丙烷、天然氣等）。

（四）軟性商品期貨

軟性商品期貨（Soft Commodity Futures），包括：咖啡、可可、蔗糖、棉花、柳橙汁、棕櫚油和荣籽等商品。

二、金融期貨

一般而言，金融期貨（Financial Futures）大致又可分為「外匯」、「利率」以及「股價指數」期貨等。

（一）外匯期貨

外匯期貨（Foreign Currency Futures）就是以各國貨幣與美元相互交換的匯率為標的，所衍生出來的商品。通常國際金融市場的外匯期貨交易，以歐元（Euro）、日圓（JPY）、瑞士法郎（SF）、加幣（CD）、澳幣（AD）、英鎊（BP）與人民幣（CHY）等與美元相互交叉的貨幣為主。

（二）利率期貨

利率期貨（Interest Rate Futures）可分為「短期利率期貨」及「長期利率期貨」兩種。

1. **短期利率期貨**：標的物主要有二大類，其一為「政府短期票券」，例如：美國國庫券（T-Bills）；另一為「銀行定期存單」，例如：三個月期的歐洲美元（3-Month ED）。

2. **長期利率期貨**：標的物主要以中長期債券為主，例如：「美國政府長期公債」（T-Bonds）、「美國政府中期公債」（T-Notes）等。

（三）股價指數期貨

股價指數期貨（Stock Index Futures）是由一組被特別被挑選出的股票價格，所組合而成的商品。全球專為期貨交易之目的，而開發出來之股票市場指數有很多種，例如：美國主要有史坦普 500 指數（S&P 500）、價值線綜合指數（Value Line Composite Index）、紐約股票交易所綜合指數（NYSE Composite Index）與主要市場指數（Major Market Index, MMI）。此外，除了美國市場以外，其他國家中較著名的股價指數期貨，有日本的日經 225 指數（Nikkei 225 Index）、英國的金融

時報 100 種指數（FTSE 100 Index）、法國的巴黎證商公會 40 種股價指數（CAC 40 Index）、香港的恆生指數（Hang Seng Index）、以及中國上海證券指數（SSE Composite Index）等。

三、新興商品

我們日常生活中，除了上述的實體與金融商品的波動，會影響人們的生計外，尚有一些有形或無形的物質指數波動，也會影響著我們的生活，所以也可設計相關的期貨合約，提供避險所需。

（一）氣候期貨

氣候期貨（Weather Futures），包括：雨量、溫度、雪量等氣候期貨商品。

（二）特殊指數期貨

特殊指數期貨，包括：運費費率指數、波動率指數[1]（Volatility Index, VIX）等商品。

（三）其他類型期貨

其他類型期貨，包括：巨災保險、電力、碳排放權與比特幣（Bitcion）期貨等商品。

1　波動率指數（VIX）通常是在衡量投資人，對未來股票市場波動率的預期。該波動指數可以代表投資人在進行投資時，所面臨的不可預期的心理恐懼變化情形，故又稱爲「投資人恐慌性指標（The Investor Fear Gauge）」。

金融大視界

芝商所宣布　推出微型比特幣期貨

圖文資料來源：摘錄自中時新聞網 **2021/05/04**

芝加哥商業交易所（CME）推出微型比特幣期貨，進一步擴大其整套加密衍生產品的陣容。對於此消息，加密貨幣市場並無明顯行情反應。芝商所股票指數和另類投資產品全球負責人表示：「當我們繼續看到流動性持續增長並參與我們的加密貨幣期  貨和期權時，我們很高興推出這一新合同。」微型比特幣期貨的價格僅為一枚比特幣的十分之一，它將為包括機構到成熟的活躍交易者在內的廣泛市場參與者提供一種有效，具有成本效益的方式，以微調其比特幣風險刃並提高交易量策略，同時保留了芝商所標準比特幣期貨的利益。」

芝商所稱，「微型比特幣」期貨保留了芝商所集團標準比特幣期貨的特點和優勢，但投資方式效率更高，成本利用率也更高，可供投資者對沖現貨比特幣的價格風險，改善交易策略。

解説

自從 2017 年 CME 推出比特幣期貨以來，受到許多投資人的關注。但隨著比特幣價格飛漲，也讓投資該商品所須繳交的保證金逐步墊高。因此 CME 再推出微型比特幣期貨，以滿足小額投資者的需求。

3-3 選擇權類型商品

選擇權（Options）是一種選擇的權利。選擇權的買方在支付賣方一筆「權利金」（Premium）後，享有在選擇權合約期間內，以約定的「履約價格」（Exercise Price），買賣某特定數量標的物的一項權利。選擇權主要可分為「買權」（Call Option）和「賣權」（Put Option）兩種，不管是買權或賣權的買方，因享有以特定價格買賣某標的物的權利，故須先付出權利金，以享有權利；反之，買權或賣權的賣方，因必須負起以特定價格買賣某標的物的義務，故先收取權利金，以盡履約義務。

通常大部分的選擇權與期貨一樣，都是被標準化後，於集中市場交易的商品，交易方式與期貨合約性質相近，但兩者特性仍有所差異。選擇權分為買權與賣權兩種形式。投資人可以買進或賣出此兩種選擇權，因此選擇權的基本交易形態共有「買進買權」、「賣出買權」、「買進賣權」、「賣出賣權」等四種。以下我們將分別介紹之。

一、買進買權

買權的買方在支付權利金後，享有在選擇權合約期間內，以約定的履約價格，買入某特定數量標的物的一項權利。在此種型式下，當標的物上漲，價格超過損益平衡點（Break Even Point）時，漲幅愈大，則獲利愈多，所以最大獲利空間無限；若當標的物下跌時，其最大損失僅為權利金的支出部分，而其損益平衡點為履約價格加上權利金價格。投資人若預期標的物將來會「大幅上漲」，可進行此類型式的操作，圖 3-2 即其示意圖。

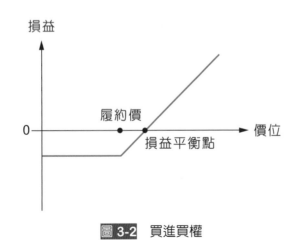

圖 3-2 買進買權

二、賣出買權

買權的賣方，在收取買方所支付的權利金之後，即處於被動的地位，必須在合約期限內，以約定的履約價格，賣出某特定數量標的物的一項義務。在此種型式下，當標的物不上漲或下跌時，其最大獲利僅為權利金的收入部分；當標的物上漲時，價格超過損益平衡點時，漲幅愈大，則虧損愈多，所以其最大損失空間無限，而其損益平衡點為履約價格加上權利金價格。投資人若預期標的物將來價格會「小幅下跌」或「持平」，可進行此類型式的操作，圖 3-3 即其示意圖。

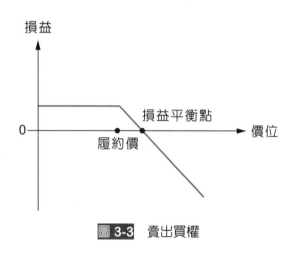

圖 3-3 賣出買權

三、買進賣權

賣權的買方在支付權利金後，享有在選擇權合約期間內，以約定的履約價格，賣出某特定數量標的物的一項權利。在此種型式下，當標的物下跌，跌幅超過損益平衡點時，跌幅愈大，則獲利愈多，但其最大獲利為到期時履約價格減權利金價格之差距；當標的物沒有下跌或上漲時，最大損失僅為權利金的支出部分，而其損益平衡點為標的物履約價格減權利金價格。故投資人對標的物預期將來價格會「大幅下跌」時，可進行此類型式的操作。圖 3-4 即其示意圖。

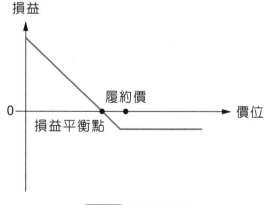

圖 3-4 買進賣權

四、賣出賣權

賣權的賣方，在收取買方所支付的權利金之後，即處於被動的地位，必須在合約期限內，以特定的履約價格，買入某特定數量標的物的一項義務。在此種型式下，若當標的物價格沒有下跌或上漲時，其最大獲利僅為權利金的收入部分，若標的物下跌時，下跌幅度超過損益平衡點時，跌幅愈大，則虧損愈多，但其最大損失為標的物履約價格減權利金價格之差距，而損益平衡點為履約價格減權利金價格。故投資人若預期標的物將來價格會「小幅上漲」或「持平」，可進行此類型式的操作。圖 3-5 即其示意圖。

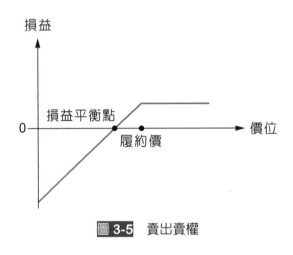

圖 3-5 賣出賣權

3-4 金融交換類型商品

金融交換（Financial Swap）是指交易雙方同意在未來的一段期間內，彼此交換一系列不同現金流量的一種合約。其交易方式可以由二個或二個以上的個體，在金融市場上進行各種金融工具的交換。其用來交換的金融工具包括：利率、貨幣、股權、商品與資產／負債等等；且通常可進行的交換場所，可以在單一的貨幣、資本或外匯市場進行，也可在好幾個市場上同時進行交易。通常金融交換的合約期間大部分為 2~5 年，甚至 10 年以上；所以金融交換合約，可說是由一連串的遠期合約所組合而成。

金融交換的目的在於使交易雙方經交換之後，得以規避匯率、利率、股價、商品價格及信用等風險，增加資金取得的途徑、降低資金成本、並提高資金調度能

力、且調整財務結構、以及使資產和負債能做更佳的配合等利益。以下將介紹幾種金融交換的類型。

一、利率交換

利率交換（Interest Rate Swap, IRS）是指交易雙方在相同貨幣基礎下，同意在合約期間內（通常為 2 年至 10 年），以共同的名目本金（Notional Principal），各自依據不同的指標利率，定期（每季、半年或一年）交換彼此的利息支出。通常利率交換交易，只交換彼此的利息部分，並不涉及本金的交換，雙方收支的利息，均以名目本金為計算基礎；通常雙方收支相抵後，僅有淨支出的一方將收支相抵後的淨額給予另一方。通常利率交換（IRS），也可說是由一連串的遠期利率（FRA）合約所組成。

通常利率交換是各種金融交換的基礎，因為各種交換合約，都是交換彼此因不同的現金流量所產生的差額；因此各種金融交換的運作內涵，其實都隱含著利率交換的交易模式。所以利率交換的各種交易型式與報價方式，都是其他交換合約的參考依據。

通常利率交換最主功能是用來規避資產或負債的利率風險；或者是利用交換的特性，來增加交易雙方彼此的利益。當公司發行債券或者購入債券，因債券本身每期有其固定或浮動的利息流量，我們可以藉由利率交換，將原來的「浮動利率轉換為固定利率」、或「固定利率轉換為浮動利率」，以規避率風險。通常利率交換依兩組不同的利息流量，可分為下列兩種基本型式，有關利率交換的運用範例，詳見例 3-7 與 3-8。

（一）息票交換

在利率交換中，所交換的兩組利息流量，一組是以固定利率為基準，另一組則是以浮動利率為基準，此種「固定對浮動」利率的交換交易，則稱為息票交換（Coupon Swap）。此類交換交易採用的固定利率，通常是以固定收益債券的息票收入為主；浮動利率的基準通常為各種浮動利率指標（如：LIBOR）。息票交換是利率交換的最原始及常見的交換型式，其交換示意圖如圖 3-6。

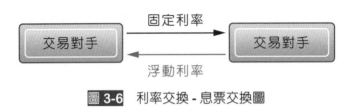

圖 3-6 利率交換 - 息票交換圖

（二）基差交換

　　在利率交換中所交換的兩組利息流量，皆採取浮動利率爲基準，這種「浮動對浮動」利率的交換交易，則稱爲基差交換（Basis Swap）。基差交換交易是由各種不同型式的浮動利率指標所構成，所以又稱爲「利率指標交換（Index Rate Swap）」，其交換示意圖如圖 3-7。

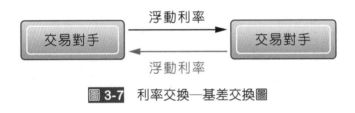

圖 3-7 利率交換─基差交換圖

【例 3-7】利率交換－將浮動利率轉換為固定利率，以鎖住負債成本

假設某 A 公司原本發行浮動利率債券，債息為 LIBOR + 50bp，A 公司預期將來利率會上揚，為了規避利息成本增加，於是與 B 銀行承作利率交換，將浮動利息支出轉為固定利息支出，鎖定負債成本。

其雙方交換條件為：A 公司支付 2.5% 的固定利率和 B 銀行支付 LIBOR + 30bp 的浮動利率，互相交換。交換結果：將使 A 公司可將浮動利率轉換為固定利息支出，且鎖定為 2.7%（LIBOR + 50bp + 2.5% － LIBOR － 30bp）。所以將來利率若逐年走高超過 2.7% 時，公司就可以節省利息支出。

	A公司利息支出	A公司利息支付方式
交換前	LIBOR + 50bp	浮動利息
交換後	2.7%	固定利息

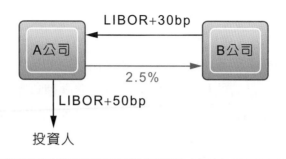

 【例 3-8】利率交換－將固定利率轉換為浮動利率，降低負債成本

假設某 C 公司原本發行固定利率債券，債息為 2.5%，C 公司預期將來利率會下降，為了節省利息支出，於是與 D 銀行承作利率交換，將固定利息支出轉為浮動利息支出，降低負債的成本。

其雙方交換條件為：C 公司支付 LIBOR 的浮動利率和 D 銀行支付 2.7% 的固定利率，互相交換。交換結果，使 C 公司的固定利息支出轉換浮動利息支出為 LIBOR － 20bp（2.5% ＋ LIBOR － 2.7%），若將來利率逐漸走低（LIBOR 下滑至 2.7% 以下），則公司可以降低負債成本。

	C 公司利息支出	C 公司利息支付方式
交換前	2.5%	固定利息
交換後	LIBOR － 20bp	浮動利息

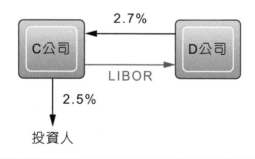

二、貨幣交換

貨幣交換（Currency Swap）是指交易雙方在不同的貨幣基礎下，雙方在「期初」與「期末」時，以當時的即期匯率，互相交換兩種貨幣的本金（或不交換本金）；並在契約約定的「期間內」交換兩組不同貨幣的利息流量。因此，貨幣交換交易不僅交換利息外，也交換實質本金。所以貨幣交換合約，除了進行不同幣別的貨幣交換，也進行不同幣別的利率交換。因此貨幣交換可同時規避匯率與利率的風險。

此外，貨幣交換的報價方式，通常銀行僅對利率交換的那塊進行報價，通常銀行會報「某一種幣別的固定利率」的買賣價，但是交換的利息流量，確是兩種不同的幣別。市場上，貨幣交換採雙向報價，而其交易仲介商的報價以固定利率為主，仲介銀行收取較高的固定利率，支付較低的固定利率，以賺取價差（Spread），而浮動利率是以 6 個月 LIBOR 為基準。

我們以圖 3-8 為仲介銀行，所提供一年期台幣對美元貨幣交換報價為例，交易雙方在台幣與美元互相交換基礎下，仲介銀行只針對台幣固定利率的報價，報價銀行希望收取 6.75% 的固定利率（賣價），支付 6.45% 的固定利率（買價），因此每筆相對交易中，每年即可賺取 30 個基本點（BP）的價差利潤。

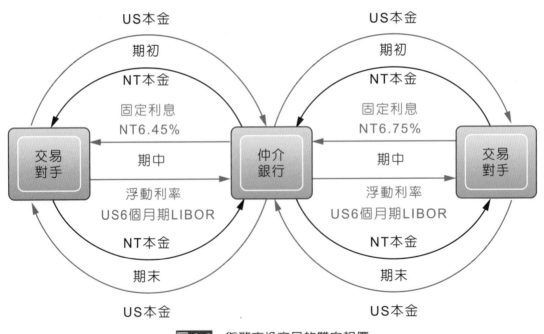

圖 3-8　貨幣交換交易的雙向報價

通常貨幣交換在彼此交換不同的貨幣基礎下，其兩組不同的利息流量，又可將貨幣交換分爲下列兩種型式。以下將介紹貨幣交換這兩種型式、以及運用的範例說明，詳見例 3-9。

（一）普通貨幣交換

普通貨幣交換（Generic Currency Swap）乃在兩種不同貨幣的交換基礎下，其所交換的兩組利息流量，亦採取「固定對固定」利率的交換交易。其交換示意圖如圖 3-9。

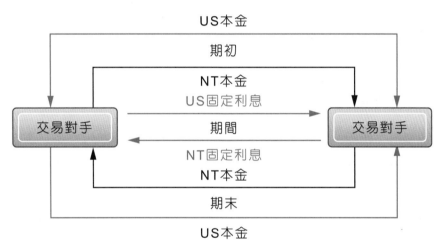

圖 3-9 普通貨幣交換示意圖

（二）貨幣利率交換

貨幣利率交換（Cross Currency Swap, CCS）乃在兩種不同貨幣的交換基礎下，其所交換的兩組利息流量，若兩組利息流量採「固定對浮動」或「浮動對浮動」的交換，通稱爲貨幣利率交換，亦稱「換匯換利」。

其中，若兩組利息流量採「固定對浮動」的交換，則稱爲交叉貨幣息票交換（Cross Currency Coupon Swap）；若採「浮動對浮動」的交換，則稱爲交叉貨幣基差交換（Cross Currency Basis Swap）。其交換示意圖如圖 3-10。

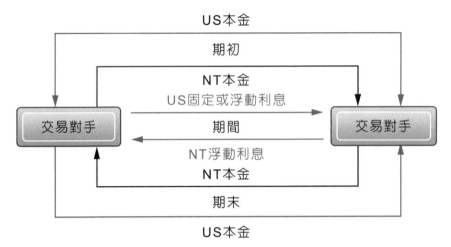

圖 3-10 貨幣利率交換示意圖

【例 3-9】貨幣交換

假設某公司發行 3 年期,金額 1 億美元的海外公司債,因預期台幣將來會貶值,3 年後償還公司債時會產生匯兌損失,因此為規避匯率風險於是電子公司與銀行承作換匯換利交易。雙方約定 3 年內,公司每半年支付台幣固定利息 2.35% 給銀行,銀行每半年支付 6 個月期美元 LIBOR 給公司,且雙方約定期初與期末的匯率均為 1 美元兌 32 台幣,其交換示意圖如下:

此貨幣交換,電子公司把原先的美元負債部位,利用換匯換利交易轉為台幣負債,且支付的利息也由浮動的美元利息轉成固定的臺幣利息。所以貨幣交換讓電子公司,同時鎖定匯率與利率風險。

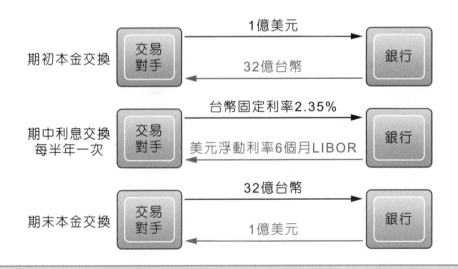

三、股價交換

股價交換（Equity Swap）和利率交換相類似，差別在於利率交換是兩組不同利息流量的交換，而股價交換是由一組浮動股價的收益率和另一組固定利率或浮動利率交換。股價交換和其他金融商品之交換相同，交換本金為名目本金，在交換契約期間內本金並不作交換，到期時只進行現金差額的交割。股價交換是具有避險、節稅、財務槓桿及規避法令限制的功能。其股價交換示意圖，如圖 3-11。有關股價交換的運用範例，詳見例 3-10。

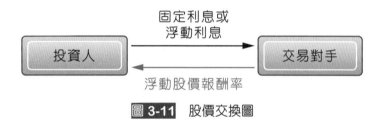

圖 3-11 股價交換圖

【例 3-10】股價交換

假設某投資人與銀行簽定股價交換合約，合約內容為選定台積電為股價交換標的物，期限為二年，且雙方半年計算損益一次，簽約的名目本金為 500 萬，簽約日時的台積電股價為 100 元；交易雙方於簽約期間內，投資人願意以每年支付 8% 的固定利息與銀行交換台積電股價的漲跌。則以下為交換示意圖及各期損益表及計算說明如下：

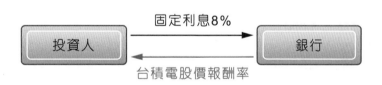

	訂約日	半年後	一年後	一年半後	二年後
台積電股價	100	120	90	110	95
投資人固定利息支出	--	-200,000	-200,000	-200,000	-200,000
投資人股價損益	--	1,000,000	-500,000	500,000	-250,000
當期損益	--	800,000	-700,000	300,000	-450,000

1. 半年後的損益情形

   投資人固定利息支出：$5,000,000 \times \dfrac{8\%}{2} = 200,000$

   投資人股價損益：$5,000,000 \times \dfrac{120-100}{100} = 1,000,000$

   投資人當期損益：$1,000,000 - 200,000 = 800,000$

2. 一年後的損益情形

   投資人固定利息支出：$5,000,000 \times \dfrac{8\%}{2} = 200,000$

   投資人股價損益：$5,000,000 \times \dfrac{90-100}{100} = -500,000$

   投資人當期損益：$-500,000 - 200,000 = -700,000$

3. 一年半後的損益情形

   投資人固定利息支出：$5,000,000 \times \dfrac{8\%}{2} = 200,000$

   投資人股價損益：$5,000,000 \times \dfrac{110-100}{100} = 500,000$

   投資人當期損益：$500,000 - 200,000 = 300,000$

4. 二年後的損益情形

   投資人固定利息支出：$5,000,000 \times \dfrac{8\%}{2} = 200,000$

   投資人股價損益：$5,000,000 \times \dfrac{95-100}{100} = -250,000$

   投資人當期損益：$-250,000 - 200,000 = -450,000$

四、商品交換

　　商品交換（Commodity Swap）原理類似利率交換，利率交換是「兩組利息流量」的交換，而商品交換是「兩組價格流量」的交換（例如：固定價格對浮動價格）。此種交換的交易雙方不涉及商品的實質交割，只對交換的支付價格相抵後，淨支出的一方支付淨額給予另一方，並交換名目本金，不交換實質本金。

商品交換通常運用在當企業預期商品價格將走高時，可以承做一筆商品交換，將浮動價格支付方式轉為固定價格支付方式，以規避因商品價格走高而使購買成本增加；同理，當企業預期商品價格走低時，則可利用商品交換，將固定價格支付方式轉為浮動價格支付方式，享受商品價格走低的好處。其商品交換示意圖如圖3-12。有關商品交換的運用範例，詳見例3-11。

圖 3-12 商品交換示意圖

 【例 3-11】 商品交換

假設最近國際油價處於近年來的低點，國內的航運業者，為了鎖住將來購油成本，紛紛的承作油價交換（Oil Swap），以華航為例，若現在原油每桶為 50 美元，華航預期油價將走高，於是與銀行承作三年期油價交換，華航願意以固定每桶 55 美元價格與銀行交換收取浮動油價。這樣一來，華航可三年內鎖住購油成本每桶 55 美元，避免油價上揚而侵蝕營業利潤，其交換示意圖如下：

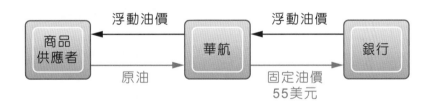

五、資產 / 負債交換

利率交換或貨幣交換中，所交換的兩組利息流量，若是來自某特定資產的利息收益來源，則稱此交換為「資產交換」（Asset Swap），若是來自對某特定負債的利息支出，則稱此交換為「負債交換」（Liability Swap）。

就交換交易的機制而言，資產與負債交換交易是一體的。透過資產或負債交換，除了可以分散利率及匯率風險外，並可分散資產的信用風險及規避流動性的風險。資產／負債交換的示意圖如下圖 3-13 與圖 3-14。

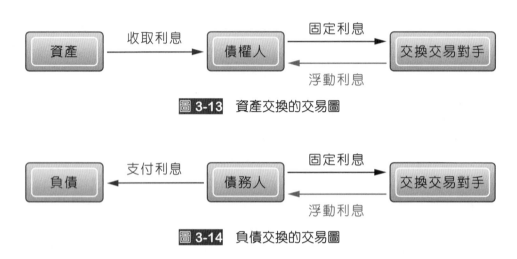

圖 3-13　資產交換的交易圖

圖 3-14　負債交換的交易圖

通常資產／負債交換，依據交易類型大致可爲「私用型」（Private）（只涉及本身及交易對手）與「公用型」（Public）（涉及新的證券公開發行）兩類。「私用性」又可分爲「投資者資產交換」及「組裝型資產交換」、或稱「合成證券」；「公用型」是指「證券化資產交換」、或稱「再組裝證券」。以下將分別介紹這三類型資產交換的特性與範例。有關三種資產交換的分類結構圖，如下圖 3-15：

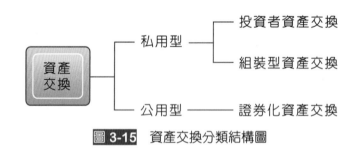

圖 3-15　資產交換分類結構圖

（一）投資者資產交換

投資者資產交換（Investor Asset Swap），是指「投資者」位居交易結構的中心，仲介商爲交易對手，並爲投資者設計所需要的交換結構，但不承擔任何風險與責任。該類型的交易型式爲資產交換的基本型式。其交換示意圖，如圖 3-16。有關投資者資產交換的運用範例，詳見例 3-12 與例 3-13。

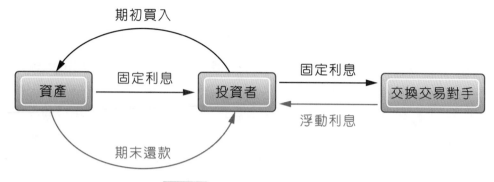

圖 3-16 投資者資產交換交易

 【例 3-12】投資者資產交換－〔公債與公司債資產交換〕

國內某些公司債承銷商，因公司債部位較大，常會發生自有資金不足的壓力，使得每當在市場資金告急時，為了公司債養券資金傷透腦筋；且由於陸續到期的公司債附買回（RP）交易也很少續做，因此券商常面臨嚴重的資金缺口，逼得券商常常以較高的發票利率調度資金，而出現養券套損。於是公司債承銷商為了降低公司債養券風險，紛紛找上公債部位較大的郵匯局承作資產交換。

通常交易雙方會互相簽定 2 個星期至 1 年的契約，郵匯局以殖利率 1.5% 的公債、與券商承作公債附賣回（RS）利率為 1.3%；券商以票面利率為 2.3% 的公司債、與郵匯局承作公司債附買回（RP）利率為 2.0%。

雙方交換結果，使得券商將流動性不足的公司債部位，轉為公債部位，使得資金調度壓力減輕，且可利用交換的公債與客戶承作公債附買回（RP），還可有養券利益；而郵匯局經此交換交易，將公債轉換為公司債使收益率增加，雙方達到雙贏的結局。以下為交換示意圖：

【例 3-13】投資者資產交換－〔公債與票券資產交換〕

國內票券公司，常因市場資金變動幅度過大，使得票券公司的票券部位動輒套損連連，在資金緊俏時，有時連票都賣不出去，形成資金調度壓力。在此環境下，票券公司為了生存，只好另闢資金調度管道，而一向是市場金主的郵匯局，也是票券市場的主力買盤，不但享有利息所得免稅的優惠，而且擁有龐大的公債部位。於是票券公司與郵匯局研議公債與票券的資產交換。

通常交易方式為：票券公司以 30 天期收益率 2.75% 的票券賣給郵匯局，郵匯局以殖利率 1.9% 的公債、與票券公司承作公債附賣回（RS）利率為 1.75%，因郵匯局為免稅單位，可實收 2.75% 的票券收益，賺取 1% 的利差。

雙方經資產交換後，票券公司也不必再擔心金主沒有資金買票，同時，票券公司取得公債後，在資產交換期間還可以利用該公債部位、與個人客戶承做公債附買回（RP）交易，即可獲取養券的套利空間。郵匯局也可以提高收益率，達到雙贏的目的。以下為交換示意圖：

（二）組裝型資產交換

組裝型資產交換（Packaged Asset Swap），是指雙方交易對手所交換的資產，由仲介商替雙方投資者代為保管，且資產所有權，在法律上也轉讓給仲介商，以確保交換交易的現金流量，所以「仲介商」位居交易的中心。此種類型的資產交換是目前最常見的交換結構。

通常此類型交換，就投資者而言，並未直接經手資產所產生的現金流量，僅收受經交換後的現金流量。因此，此類先經過仲介商轉手的資產交換，又稱為「合成的證券」（Synthetic Securities）。此外，此類交換，仲介商亦可為交換中的交易對手。其交換示意圖如圖 3-17。有關組裝型資產交換的運用範例，詳見例 3-14。

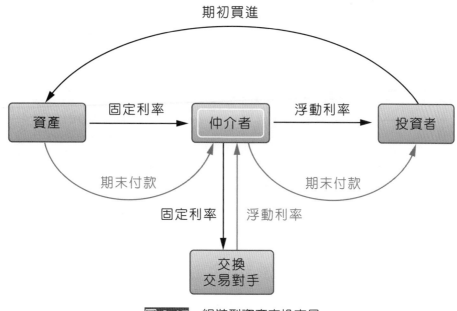

圖 **3-17** 組裝型資產交換交易

 【例 3-14】組裝型資產交換交易

國內企業至海外發行的海外可轉換公司債（ECB），最近經過國際承銷商，重新組裝而成的「資產交換」的商品，在國際金融市場吸引不少買盤。通常此類商品，皆透過國際承銷商重新將 ECB 組裝，再售予國際金融業務分行（Offshore Banking Unit, OBU）。

國內某公司曾至海外發行 ECB 後，OBU 至海外借款，借款利率通常為 LIBOR，將借到的資金購入 ECB，再將 ECB 每年支付的「固定票面利率 2.5%」、「轉換股票的選擇權」及「保障收益率」（Yield to Put），轉讓給國際承銷商；但國際承銷商每年必須支付 LIBOR 加碼 160 個基本點給 OBU。

雙方經過資產交換，OBU 獲得比借款利率（LIBOR）更高的收益，且對收益更有保障。國際承銷商獲得 ECB 的擁有權，除可獲利外，亦可將 ECB 拆解後再重新發行證券化商品，以獲取利益。以下為此交換示意圖：

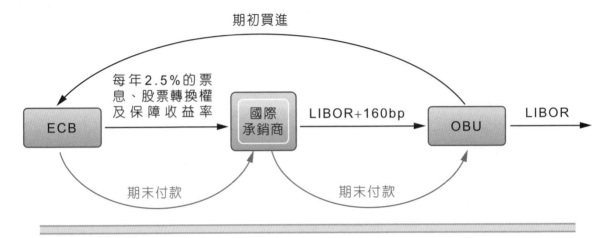

（三）證券化資產交換

證券化資產交換（Securitised Asset Swaps），又稱為「再組裝證券」（Repackaged Securities）。此類資產交換，投資者將資產轉售給某特定目的機構（Special Purpose Vehicles, SPV）（通常設立於海外的避稅天堂），再由該機構將資產拆解後，再重新發行證券化商品，且售予投資者。

通常 SPV 發行證券化商品所籌措的資金，用以買進所交換的資產，而該資產則用來做為發行證券的擔保。下圖為此類交換示意圖，如圖 3-18。有關證券化資產交換的運用範例，詳見例 3-15。

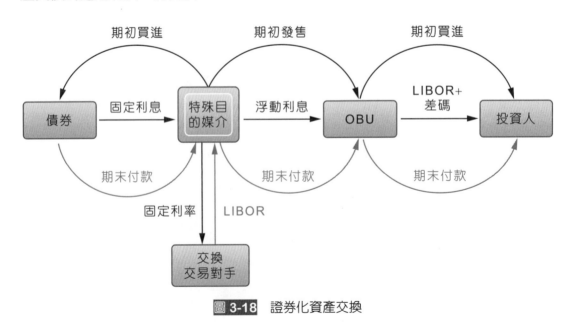

圖 3-18　證券化資產交換

【例 3-15】證券化資產交換

國內某電子公司曾經發行海外可轉換公司債（ECB），此 ECB 將賣給設於免稅天堂的海外特定目的機構（SPV），該機構買進後，將 ECB 重新拆解組裝成浮動利率債券（FRN）及認股權證（Warrant）兩種證券化商品，並回售給電子公司。

由於透過證券化資產交換後，投資人不僅可收取現金流量，亦擁有可轉換債券的權利，且經由 SPV 買進 ECB 後，再重新組裝發行且加入信用增強機制，使再度發行的債券，也可能得到較好的債信評等；且得投資透過 SPV 將原商品拆解成兩種商品，可以分散商品風險。以下為此交換的示意圖：

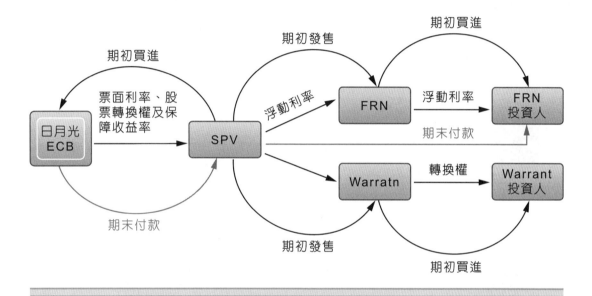

金融 FOCUS

現在才知道 part1 投資外幣報酬高 Part 1

https://www.youtube.com/watch?v=xJSFoq6fNOc

外幣的投資商品眾多，其中有一種稱為外匯保證金交易。此商品吸引日本一群「渡邊太太」，專門操作此外匯商品，因具槓桿性，所以投資報酬頗豐。

掛牌有成！歐臺期．歐臺選成交量活絡

https://www.youtube.com/watch?v=IkRfzEuclCk

臺灣期交所，推出的歐臺期和歐臺選，在期交所大力推廣之下，成交量突飛猛進。期交所表示，未來將規劃推出更多的跨境商品，以提供更多元的投資管道。

新加坡擬明年底前開啓電力期貨市場

https://www.youtube.com/watch?v=fN57HsuvxTM

前些日子新加坡交易所，預計將開發新興的期貨商品－「電力期貨」。這個商品將是亞洲地區，第一個電力的相關期貨合約，具指標性。

希臘債券互換已達 85.8% 上看 95.7%

https://www.youtube.com/watch?v=CkmOBR45o3A

希臘經過歐債危機後，該國政府瀕臨破產。為了延緩國家信用破產，將實施發行「長期新公債」交換「短期將到期的公債」。這也是一種負債交換的模式。

1. 假設甲公司基於避險需求，與乙銀行簽定 2 個月後的 4 個月期遠期利率協定（2×6），契約金額 1,000 萬美元，交易雙方約定甲公司支付固定利率 3.8% 給乙銀行，乙銀行在 2 個月後以當時的 4 個月期 LIBOR 支付給甲公司。若 2 個月後當時的 4 個月期 LIBOR 利率為 5%，則雙方之收益如何？

2. 某一出口商半年後預計可收到一筆美元，若現在半年期美元利率 2.2%，半年期新台幣利率 1.8%，美元兌新台幣即期匯率 33.5，請問半年期遠期匯率為何？

3. 某廠商和銀行簽定 1 個月預購 100 萬美元的 NDF 合約，假設現在美元兌新台幣匯率為 32.0，換匯點 0.08 元（亦即 NDF 報價為 33.08），若一個月後台幣貶值至 32.2 元，則廠商獲利為何？

4. 某投資人與 A 銀行承作一筆 10 萬美元的外匯保證金交易，存入 1 萬美元做為保證金，並下單買日圓。若當時美元兌日圓的匯率成交為 110 元，則

   (1) 一個月後，日幣升值至 105 元，則獲利多少？

   (2) 若規定維持保證金為本金之 50%，則日圓在何價位時，需補繳保證金？

5. 假設某客戶對債市後市看法偏空，於 6 月 1 日賣出一個月的遠期債券，成交殖利率為 1.70%，存續時間約為 6.8 年，金額 5,000 萬元的公債。假設在 6 月 5 日客戶以 1.90% 買進遠期公債，將部位軋平，則客戶損益如何？

6. 請問期貨商品大致可分為哪兩大類型？

7. 請問選擇權商品，大致可分為哪四類基本形式？

8. 所有的金融交換，大致上都是屬於何種形式的交換？

9. 請問利率交換，大致可分為哪兩種型式？

10. 請問貨幣交換，大致可分為哪兩種型式？

11. 請問哪一種金融交換型式，可以同時規避利率與匯率風險？

12. 請問資產交換，大致可分為哪三種型式？

NOTE

Part 2
金融創新商品
進階篇

　　基本上，金融創新商品的誕生，都是基於投資人的特別需求，從各種現貨與衍生性商品，所發展出來的。通常這些商品的結構設計較為複雜，所以交易對象大都是法人。因此有關這些金融創新商品的進階知識，為金融相關系所必須研習的重要課程。本篇包含四大章，該篇內容為主要介紹結構較複雜的金融創新商品。

CHAPTER 4

結構類型商品

本章內容為結構類型商品,主要介紹結構型債券、異形選擇權、結構型金融交換等內容,其內容詳見下表。

節次	節名	主要內容
4-1	結構型債券	介紹浮動利率與附帶其他條件為主的結構型債券。
4-2	異形選擇權	介紹 15 種設計結構發生變化的異形選擇權。
4-3	結構型金融交換	介紹 12 種設計結構發生變化的金融交換商品。

 本章 導讀

所謂的「結構型商品」(Structured Products)是指某一種標準化金融商品,在原始結構設計上發生改變,所衍生出來的變種商品;或者兩種或兩種以上的金融商品經過相連結(Linked),所衍生的連結型商品。這些商品主要針對某些客戶的特別需求而設計出來的,所以產品結構較無標準化,故無法於集中市場進行交易,因此大都為店頭市場的商品。以下本章將介紹有關於債券、選擇權與金融交換等三種商品所衍生出的結構型商品。

4-1 結構型債券

通常債券商品的基本特性，就是「定期領息，到期還本」。但在實務上發行債券時，公司經常會依據本身的需求，在還本付息的條件進行調整、或者附加許多其他條件或條款，使得債券所衍生的種類，不勝枚舉。以下將介紹幾種以「浮動利率」與「附加條件」為主軸的結構型債券。

一、浮動利率類型

通常浮動利率債券，可依據指標利率的變動情形、以及票面利率的設定，可區分以下幾種類型：

（一）正反向浮動利率債券

通常正反向浮動利率債券（Positive/Inverse Floating Rate Notes）的票面利率的設計，可與指標利率的浮動方向，呈正向或反向浮動。若為正向型式，當指標利率上升（下降），票面利率也跟著上升（下降），兩者呈相同方向變動；若為反向型式，當指標利率上升（下降），票面利率也跟著下降（上升），兩者呈相反方向變動。

例如：假設分別有一正反向浮動利率債券的票面利率，如表 4-1 所示。當現在的指標利率由 3% 上升至 4%，則正向浮動利率債券的票面利率，則會由 4% 上升至 5%；反之，反向浮動利率債券的票面利率，則會由 8% 下降至 7%。此種正反向浮動利率債券的設計，可提供給對未來利率看法不同的投資人，有不同的選擇；若預期利率上漲，則選擇正向；若預期利率下滑，則可選擇反向。

表 **4-1** 正反向浮動利率債券比較表

	正向浮動利率債券	反向浮動利率債券
票面利率	6%+（指標利率－5%）	6%+（5%－指標利率）
指標利率由 3% → 4%	4% → 5%	8% → 7%
票面與指標利率變動方向	同向變動	反向變動

（二）利率上下限債券

通常浮動利率債券的票面利率，是跟著指標利率的變動而隨之調整。但若指標利率大幅波動時，發行公司可以設定票面利率的上限或下限（Interest Rate Caps/ Floor）。若在利率走勢不易精確研判的市場中，此種附有上限、下限的浮動利率債券的優點，是讓發行公司可以避免付出過高利息的風險、以及給予投資人最低投資收益率的保障。

例如：上述表 4-1 的正向浮動利率債券，當指標利率逐步上漲時，票面利率會往上調整，但可以設一個上限利率，以避免付出過高利息的風險。同樣的，反向浮動利率債券，當指標利率逐步上升時，票面利率會往下調整，但可以設一個下限利率，以給予投資收益的最低保障。

（三）固定利率遞增（減）債券

傳統的固定利率債券（Fixed Rate Step-up/down Notes），是指票面利率在發行時已固定、且每一期都相同。但固定利率遞增（減）型，票面利率在發行時，也已固定，但每一期利率皆不同；通常可以採取固定遞增或遞減，因此也有點像浮動利率債券的特性，因為每期的票面利率非恆定。

例如：某一公司債分成甲、乙兩券，甲券票面利率為「固定遞增型」，公司債票面利率從第一年至第五年分別為 1.36%、1.41%、1.46%、1.51%、1.56%，逐年遞增；乙券為「固定遞減型」，公司債票面利率從第一年至第五年分別為 1.54%、1.49%、1.44%、1.39%、1.34%，逐年遞減。不管是遞增型、遞減型，其票面利率皆是在發行時就已固定。若購買固定利率遞減型債券的投資人，可以滿足某些投資人著重優先實現高收益的需求；若購買固定利率遞增型債券的投資人，可以滿足某些投資人其因近期的收益已高，刻意將收益遞延到未來年度計算的需求。

（四）利率差浮動債券

通常利率差浮動債券（Spread Notes）的票面利率，是由一個固定利率再加上兩種不同期限利率差所組合而成。其票面利率的設計，例如：2%+（10 年期長期債券殖利率－ 3 個月期短期票券次級市場利率）。此類型債券，若預期長期利率的漲幅會大於短期利率，投資人購買此類債券的票面收益會提高；反之，則會下降。

（五）兩幣利差浮動債券

通常兩幣利差浮動債券（Quauto Notes）的票面利率，是由一個固定利率再加上兩種不同貨幣的利率差所組合而成。其票面利率的設計，例如：2%＋（3 個月期美元 LIBOR － 3 個月期台幣短期票券次級市場利率）。此類型債券，若預期美元利率大於台幣利率，則票面利率會提高；反之，票面利率會下降。

（六）超級浮動型（**Super Floaters**）

通常超級浮動債券（Super Floater Notes）的票面利率，是將指標利率乘以某一倍數，以倍數擴大指標利率變動對票面利率的影響。其票面利率的設計，例如：1.5% ＋ 2×（6 個月期美元 LIBOR － 3 個月期美元 LIBOR）。此類型債券是，在利率低檔時，為了提高投資人在將來利率上升時，能獲得較高收益率所設計的。

（七）強力浮動債券

強力浮動利率債券（Power Notes）的票面利率，是將指標利率以平方的方式呈現，以平方加速的力道，擴大指標利率變動對票面利率的影響。此種債券的票面利率波動性比超級浮動債券更大。其票面利率的設計，例如：（3 個月期美元 LIBOR）^{2} － 5%。此類型債券，若指標利率上揚時，則票面利率以加速度上升；反之，則票面利率以加速度下降，則票面利率可能降為零。

（八）指數連結債券

指數連結債券（Indexed Linked Notes）是指票面利率的浮動指標利率，會依據各種指數的波動而隨之調整。通常較常見的指數，包括：通貨膨脹率、匯率、股價指數、商品價格、公司信用分數等等。一般而言，各種指數類型的債券，乃依據發行者的特殊需求，自行將債券的票面利率（或債券本金）與這些指數相連結，以滿足各種發行人的需求。以下表 4-2 為各種指數類型債券，其所連結的標的指數。

表 4-2　各種指數債券類型

債券名稱	連結標的指數
通貨膨脹保值債券 （Treasury Inflation-Protected Securities, TIPS）	消費者物價指數（CPI）
匯率連結型債券 （Currency Indexed Notes, CIN）	各國匯率指數

債券名稱	連結標的指數
股價連結型債券 （Equity Linked Notes, ELN）	各國股價指數
商品連結型債券 （Commodity Index-linked Notes, CIN）	各種商品（如：石油）價格指數
信用連結債券 （Credit Linked Notes, CLN）	公司之信用評等的指數

金融大視界

CLN 結構債評價　金融業獲利未爆彈

資料來源：摘錄自工商時報 2020/04/12

　　各大金控公布最新的獲利統計，不過對此金融圈人士透露，有檔 CLN 結構債商品，由於金融業投資者和發行機構協議調整「報價」，對於這個可能在未來影響金融業獲利的「隱型未爆彈」。金融圈人士指出，由於部分金控、銀行對於旗下的投資部門，有立下投資報酬率「至少超過 4%」的指令，因此已有部分金融業者買入連結信用的結構債（CLN），而之所以沒有發生評價損益，是因為和發行者先行談妥修改報價（與信用風險相關的報價）來避風頭，但由於時間拖越久，風險越高。

　　知情的金融圈人士指出，CLN 這個結構債商品，市場上買的金融機構不多，因此在與評價相關的技術細節上，買方與賣方有「議價」空間，也就是直接跟發行的外商協調更改報價，讓月底評價不出現損失。根據這檔商品投資在業界的遊戲規則，只要標的公司在期限內沒發生「信用」事件，則投資人可以穩拿投資收益，在信用評價的連結標的裡，以摩根大通、花旗銀行、高盛等國際指標品牌大行最具代表性。

　　近期，發生全球債券流動性危機、信用風險大增，連品牌指標機構的評價也受波及，據了解，上述的 CLN，原本會有逾百億的評價損失，不過由於該商

品的市場流通性有限，市場上「敢買」的金融業者也不多，且許多 CLN 都是「包檔銷售」，這使買方與賣方在「報價」上有談判空間。

　　另一方面，在發行者「調整報價」的情況下，上市金融業投資者得以有操控評價的空間，在獲利揭露因而免於揭露這筆「隱藏」的評價損失。不過由於全球的流動性風險問題一直未徹底解決，隨著美國疫情不斷擴大，這些 CLN 的實質評價損失會否浮上檯面，業界已高度矚目，也會成為左右金控獲利洗牌的關鍵。

解說

　　國內某些金融控股公司買進許多「信用連結債券」（CLN），由於 2020 年 3 月全球金融市場發生動盪，可能使 CLN 受到流動與信用風險，但因價格沒有即時的調整，所以若重新調整價格，可能會讓金控公司的獲利受到影響。

二、附加條件類型

　　以下介紹幾種債券附加條件或條款，所衍生的結構型債券。

（一）附加選擇權商品

　　通常債券附加連結選擇權，可以滿足發行者的特殊需求，市場上常見的形態，如下幾種類型：

1. **可贖回債券（Callable Bonds）**：是指純普通債券，再附加贖回選擇權。可贖回債券發行公司於債券發行一段時間後，通常必須超過其保護期間，發行公司有權利在到期日前，依發行時所約定價格，提前贖回公司債，通常贖回價格必須高於面值，其超出的部分稱為贖回貼水（Call Premium）。

2. **可賣回債券（Putable Bonds）**：是指純普通債券，再附加賣回選擇權。可賣回債券持有人有權在債券發行一段時間之後，要求以發行時約定的價格，將債券賣回給發行公司。注意前述的可贖回債券的贖回權利在於「發行公司」，而可賣回債券的賣回權利在於「投資人」。

3. **可轉換債券（Convertible Bonds）**：是指純普通債券，再附加轉換選擇權。可轉換債券允許公司債持有人在發行一段期間後，依期初所訂定的轉換價格，將公司債轉換為該公司的普通股股票。在實務上，當可轉換公司債要轉換成股票時，有時會先向發行公司取得「債券換股權利證書」，再轉換成普通股。可轉換公司債因具有轉換權，故其所支付的票面利率，通常較一般純債券為低。且有些可轉債因到期前仍無轉換成普通股的機會，且又只能領取較低的票面利率，有時會在到期時償還投資人一筆「到期贖回利率」（Yield To Put, YTP），以彌補投資人的損失。

4. **可交換債券（Exchangeable Bonds）**：是指純普通債券，再附加轉換選擇權。可交換債券是由可轉換債券衍生而來。可轉換債券是投資人可在未來的特定期間內轉換成「該公司的股票」，而可交換債券其轉換的標的，並非該發行公司的股票，而是發行公司所持有的「其他公司股票」（國內通常轉換的標的，以發行公司的關係企業為主）。

5. **可延展債券（Extendible Bonds）**：是指純普通債券，再附加延展選擇權。此種債券只要發行時約定的票面利率夠高，投資人除可在債券到期時，贖回本金外，也可選擇要求發行機構，按原契約票面利率延展其手中債券的到期日。所以可延展債券可以說是一般的債券，加上在某一特定時日的一個買權（Call Option），讓債權人可將手中債券的到期日拉長。

6. **附認股權證債券（Bonds with Warrants）**：是指純普通債券，再附加一個認股權證。持有此種債券之投資人除可領取固定的利息外，且在某一特定期間之後，有權利以某一特定價格，購買該公司一定數量的股票，其票面利率一般比普通公司債低。附認股權證債券所附加的認股權證有分離式及非分離式二種，即投資人執行此一認股權證時，是否必須同時持有公司債，若必須兩者兼備即為非分離式。一般發行公司為了增加認股權證的流動性，大部分都設計為分離式的。

7. **交叉貨幣可轉換債券（Cross Currency Convertibles）**：是指純普通債券，再附加一個交叉匯率選擇權。此類債券為原先發行 A 幣別的債券，並賦予投資人一個在債券存續期間內的某一時期，轉換成 B 幣別債券的權利。

　　例如：國內某企業發行 5 年期，票面利率為 7.0% 的交叉貨幣可轉換債券，若將來遇到台幣貶值或美元利率將逐漸走高的情況時，投資人有權在債券發行兩年後轉換成以美元計價的債券，票面利率為 6.5%，但債券的原始到期日仍不變。由於具有轉換權，對投資人較有保障，若無上述狀況，則可不必進行轉換，繼續持有台幣債券至到期日止。

聯電4億美元海外可交換債定價　創兩紀錄

資料來源：摘錄自經濟日報 2021/06/29

　　聯電宣布完成以聯詠持股作為交換標的的4億美元（約新台幣110億元）海外可交換債定價，創下50%交換溢價及負0.625%殖利率紀錄，為臺灣可交換債及可轉換債發行市場有史以來最高溢價。

　　聯電此次海外可交換債由花旗環球證券為海外主辦承銷商，此次溢價幅度創新高，加上發行負殖利率，顯示投資人對半導體業以及聯電未來營運充滿信心。

　　聯電表示，此次發行獲得國際機構投資人認購踴躍，聯詠持股標的交換價格達到新台幣731.25元，較聯詠收盤價新台幣487.5元溢價50%，甚至高過今年稍早穩懋及環球晶發行轉換債的40%溢價紀錄。

　　聯電表示，此次募集資金將用於購買機器設備，預計應可降低整體資金成本、強化公司財務結構及彈性，以利未來營運成長資金調度。

　　近期，聯電發行以「聯詠」作為交換標的海外可交換公司債，並創下50%交換溢價及—0.625%殖利率的紀錄，此為國內可交換債及可轉換債發行市場有史以來最高溢價，可見投資人對聯電未來營運充滿信心。

（二）附加其他衍生性商品

以下將介紹兩種債券，附加其他衍生性商品（如：遠期與金融交換），所組成的結構型債券。

1. **雙重幣別債券（Dual Currency Bond）**：此類債券爲債券與遠期匯率契約的結合。一般債券支付本金及利息皆爲同一種幣別，但雙重幣別債券則是息票支付及償還本金爲兩種不同幣別。由於償還本金爲另一種幣別，所以發行債券時，須承做一筆長天期的遠期匯率契約，以固定到期時本金的匯率，以規避匯率風險。

   例如：發行固定支付台幣利息的債券，且承作一筆美元兌台幣的遠期外匯，以組成雙重幣別債券。如圖 4-1 所示。該債券每期以台幣支付債券利息，但在期末償還美元本金，且到期時的本金匯率，在期初就固定，所以已無匯率的變動風險。

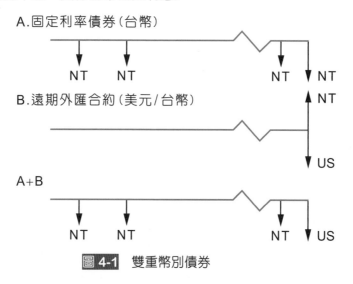

圖 **4-1** 雙重幣別債券

2. **反浮動利率債券（Reverse Floating Rate Notes）**：此類債券爲固定利率債券與利率交換的結合。若一公司發行固定利率（$\bar{R}$）公司債，若公司預期將來利率將會走高，爲了節省利息成本，可購買一個利率交換契約（支付固定利率 $\bar{R}$，收取浮動利率 $\tilde{R}$），則每期的利息支出變爲 $2\bar{R} - \tilde{R}$。所以若當浮動利率上揚時，則公司可以節省利息支出。該債券的組成情形，如圖 4-2 所示。

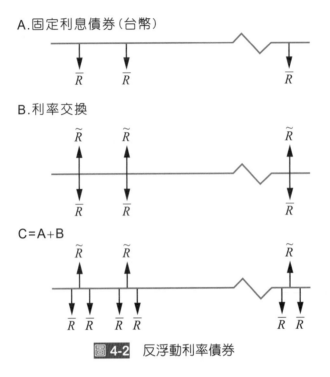

圖 **4-2** 反浮動利率債券

 金融小百科

伊斯蘭固定收益證券

　　伊斯蘭固定收益證券（Sukuk）乃依據伊斯蘭教義禁止收付利息，所設計出來的一種具資產基礎證券性質的債券商品。傳統上債券是以債務為基礎並支付利息，但 Sukuk 的發起人不得以支付利息的名義支付債息給投資人，必須以「分配收益」或「支付租金」的方式取代利息支付。

　　因此 Sukuk 在商品設計架構上，Sukuk 的發起人會找一個自己成立的特殊目的公司（稱為 SPV 公司）當作債券發行人（也就是過水的機構），發起人每期以「分配收益」或「支付租金」的方式將資金轉給 SPV 公司，然後 SPV 公司按 Sukuk 約定之收益分配率支付收益予 Sukuk 投資人，並於到期後償還本金。

　　伊斯蘭固定收益證券（Sukuk）的發行類型，發起人將資金轉給 SPV 公司，若以「分配收益」方式，則稱為「資產基礎代理型（Wakalah）」；若「支付租金」方式，則稱「資產基礎租賃型（Ijarah）」。以下為這兩種 Sukuk 的發行架構示意圖：

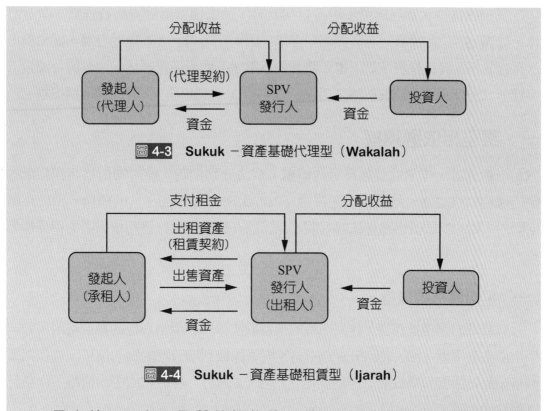

圖 4-3 Sukuk－資產基礎代理型（**Wakalah**）

圖 4-4 Sukuk－資產基礎租賃型（**Ijarah**）

　　國內於 2020 年 2 月所發行的第一檔 Sukuk 乃為資產基礎代理型（Wakalah），此由卡達伊斯蘭銀行（Qatar Islamic Bank）當作 Sukuk 發起人（實質債務人），並藉由 QIB Sukuk Ltd. 這家 SPV 公司當作 Sukuk 發行人（過水的機構），代替發起人支付收益給 Sukuk 投資人。

4-2 異形選擇權

　　選擇權的基本特性，包括：須事先設定履約價格，且價值（權利金）會隨著到期日遞減等。基本上，選擇權的應用非常的廣泛，實務上常將標準型式的選擇權，在履約價格、權利金、或標的物等條件上進行調整變化，產生許多變形的選擇權，稱之為「異形選擇權」（Exotic Option）。

異形選擇權大都在店頭市場發行與交易，並根據買賣雙方的特殊需求量身訂作，以滿足客戶的投機、避險與套利需求。因而在市場上逐漸蓬勃發展，促使異形選擇權的多元發行樣貌。以下本章將針對爲數眾多的異形選擇權，大致的分成以下幾種形式進行介紹，分別爲路徑相依、時間相依、多重因子與其他異形選擇權。

一、路徑相依選擇權

一般而言，標準歐式選擇權的價值，取決於到期時，標的物價格與期初所約定的履約價格之差。路徑相依選擇權（Path-dependent Option）的價值，則於存續期間內，標的物的價格路徑軌跡有關。以下將介紹幾種與路徑相依相關的選擇權形式。

（一）平均價格選擇權

以標準的選擇權而言，其到期時的損益取決於履約價格與標的物價格的差額。平均價格選擇權（Average Price Option）則不採取到期時標的物的價格，當作結算價格，而是採取到期日前一段期間內（1 週或 1 個月）標的物的平均價格，作爲計算損益的依據。

此種選擇權僅能在到期日交割，由於它具歐式選擇權到期交割的特性，但買方又享有，以到期前一段期間內的平均價格來履約，所以又被稱爲「亞洲式選擇權」（Asian Option），用以區分美式及歐式選擇權的不同。有關平均價格選擇權的損益示意圖，詳見圖 4-5。

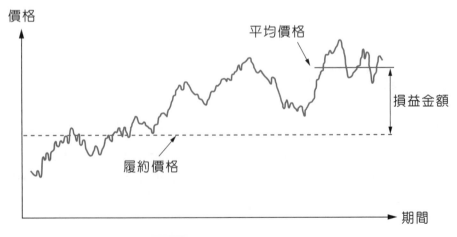

圖 4-5　平均價格選擇權圖

（二）平均履約價格選擇權

　　上述，平均價格選擇權其標的物的結算價格，是取到期日前某一段期間內的平均價格來當做計算損益的標準。平均履約價格選擇權（Average Strike Option）則是採取標的物到期日前，某一段時間內的平均價格，來當作履約價格，所以其損益即是該平均履約價與到期時標的物價格之間的差值。

　　由於此種選擇權並沒有事先約定履約價格，所以又稱為「浮動履約價格選擇權」（Floating Strike Option）。有關平均履約價格選擇權的損益示意圖，詳見圖4-6。

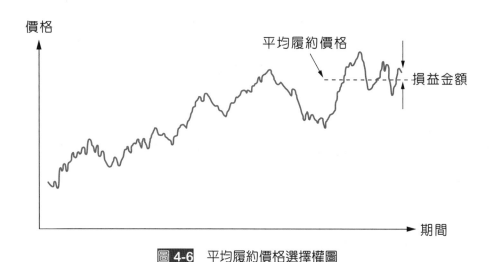

圖 4-6 平均履約價格選擇權圖

（三）回顧式選擇權

　　回顧式選擇權（Lookback Option）是指選擇權的履約價格，是投資人可以選擇在契約期間內最有利的價格，來當作履約價格。若以回顧式買權來說，其履約價格為選擇權契約期間內曾經出現的最低價格；回顧式賣權，則是採用最高價格。

　　顯然的，回顧式選擇權的履約條件優於美式選擇權，因為投資人無須擔心會錯過持有期間內最佳的執行時機，回顧式選擇權一定可以在最佳的價格執行，故權利金會較一般標準型選擇權高。所以該商品其到期損益，即為標的物到期價格與期間內最佳履約價格之差距。

　　若以買權價值來說明「標準選擇權」、「平均價格選擇權」、「平均履約價格選擇權」、「回顧式選擇權」這四者的差異如下：

▶ 標準選擇權：$\max(S_T-E,0)$

▶ 平均價格選擇權：$\max(S_A-E,0)$

▶ 平均履約價格選擇權：$\max(S_T-S_A,0)$

▶ 回顧式選擇權：$\max(S_T-S_B)$

▶ S_T：標的物到期日的價格

▶ S_A：標的物在到期前，某段期間內的平均價格

▶ S_B：標的物在契約期間對投資人最有利價格

▶ E：履約價格

（四）階梯選擇權

　　階梯選擇權（Ladder Option）是指選擇權的交易雙方，在期初約定履約價格後，並預設未來當價格觸及「一組階梯式價格」時，便重新設定履約價格，使履約價格等於當時標的物的市價。至於階梯價格的調整方向，可以議定同方向（指向上調整或只向下調整），亦可作不同方向，隨當時標的物之市價變動調整。有關階梯選擇權的示意圖，詳見圖 4-7。

 【例 4-1】階梯選擇權

假設有一階梯式買權，履約價格最初為 100 元，若此選擇權權利金為 15 元，並約定以 10 元為單位，重新設定一組階梯價格 [110、120、130]。

1. 若標的物價格上漲至 110 元，則履約價格重新設定為 110 元，投資人有 10 元的獲利價差。

2. 若標的物價格上漲至 120 元，則履約價格重新設定為 120 元，且投資人有 10 元的獲利價差。

3. 若標的物價格，在選擇權到期前均未觸及 130，則無須在重設履約價。

4. 若選擇權到期時，標的物價格為 115，投資人則可鎖定 20 元（10 + 10）的價差，此時投資人總共可獲利 5 元（20 - 15 = 5）。

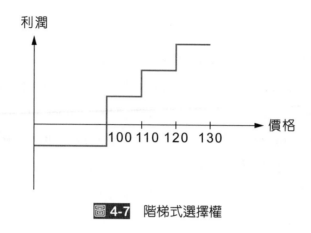

圖 4-7　階梯式選擇權

（五）喊價式選擇權

喊價式選擇權（Shout Option）是指選擇權的交易雙方，對於履約價格的重新設定並非依照預定的條件，而是取決於買方的認可，買方在作交易前不必事先決定履約價，只要在契約期間內，標的物的市價對買方有利，他便可以「喊價」(Shout)，將當時的市價當作履約價格。

　【例 4-2】喊價式選擇權

假設有一喊價式買權，履約價格最初為 50 元，若此選擇權權利金為 10 元，並享有在選擇權到期前有 3 次喊價的權利。

1. 當標的物價格上漲至 58 元，投資人若實現第一次喊價，則履約價格重新設定為 58 元，投資人有 8 元的獲利價差。

2. 若標的物價格又上漲至 62 元，則履約價格重新設定為 62 元，投資人若實現第二次喊價，且投資人有 4 元的獲利價差。

3. 若標的物價格又上漲至 65 元，則履約價格重新設定為 65 元，投資人若實現最後一次喊價，且投資人有 3 元的獲利價差。投資人在 3 次喊價後可得 15 元價差，此時投資人總共可獲利 15 元（15 － 10 = 5）。

4. 若標的物價格在選擇權到期前，又繼續往上攀升至 70，則投資人此時已無喊價的權利，錯過更高的獲利機會。

（六）障礙式選擇權

障礙式選擇權（Barrier Option）是指選擇權期初發行時，要設定兩個價格；其一是正常的履約價，另一則是特定的障礙價。若標的物價格觸及或穿越該障礙價時，選擇權即開始生效者，即稱為敲入選擇權（Knock-in Option），其履約價格即為敲入履約價（Instrike）；若標的物價格觸及或穿越該障礙價時，選擇權即失效者，即稱為敲出選擇權（Knock-out Option），其履約價格即為敲出履約價（Outstrike）。若將敲出與敲入的型式，依標的物的上漲或下跌，可區分為下列四種類型，詳見表 4-3 之說明。

國內權證市場所發行的「上下限型權證」、以及「牛熊證」，皆有設定上下限的障礙價，此乃障礙式選擇權的運用。

表 4-3　障礙式選擇權之型式

型式	解釋
下降敲出式（Down-and-out）	表示當標的物價格下跌超過障礙價格時，該選擇權即開始失效。
下降敲入式（Down-and-in）	表示當標的物價格下跌超過障礙價格時，該選擇權即開始生效。
上升敲出式（Up-and-out）	表示當標的物價格上漲超過障礙價格時，該選擇權即開始失效。
上升敲入式（Up-and-in）	表示當標的物價格上漲超過障礙價格時，該選擇權即開始生效。

二、時間相依選擇權

時間相依選擇權（Time-dependent Option）的價值，則於存續期間內，某一時間標的物的價格有關。以下將介紹幾種與時間相依相關的選擇權形式。

（一）齒輪選擇權

齒輪選擇權（Cliquet or Ratchet option）是指選擇權的交易雙方，在期初約定履約價格後，並預設在未來「一組特定時間」，可以重新設定履約價格，使履約價格等於當時標的物的市價。由於重新設定的履約價格，不見得對投資者有利，但投資者仍須接受，所以權利金較一般為低。

【例 4-3】齒輪選擇權

假設有一個 6 個月期的齒輪選擇權,設定每個月最後一日重新設定履約價,若此選擇權權利金為 12 元,假設最初設定的履約價格為 60 元。

1. 若在第一個重新設定日時,當時標的物為 68 元,則履約價格重新設定為 68 元,此時投資人有 8 元獲利價差。

2. 若在第二個重新設定日時,當時標的物的價格 52 元,則履約價格重新設定為 52 元,但投資人則無獲利的價差。

3. 若在第三個重新設定日時,當時標的物的價格 63 元,則履約價格重新設定為 63 元,且投資人有 11 元（63 － 52）的價差,此時投資人總共可獲利 7 元（8 ＋ 11 － 12 ＝ 7）。

（二）抉擇型選擇權

抉擇型選擇權（Chooser Option）是指選擇權持有者,可在契約期間內某些預先約定的日期,再決定要從事買權或賣權的交易。所以此類選擇權的買方,可以不必急於期初就決定買權或賣權,可以降低期初誤判標的物走勢時所產生的風險,故此選擇權又稱為「隨心所欲選擇權」（As-you-like-it Option）。

（三）遠期生效選擇權

遠期生效選擇權（Forward Start Option）是指選擇權的買方在期初支付權利金,約定未來的某一時期（如:1 個月後）,該選擇權才正式生效,所以履約價格在期初並沒有固定,而通常都是以事先約定好未來生效當時的標的物價格,作為履約價的參考。

三、多重因子選擇權

一般型式的選擇權價值都是取決於單一資產的價格變動,多重因子選擇權（Multi-factor Option）的價值則是取決於多種資產的價格變動。以下將介紹幾種與多重資產價格相關的選擇權形式。

（一）彩虹選擇權

彩虹選擇權（Rainbow Option）是指選擇權的履約價格，是由兩種或兩種以上的標的物所組成，而其損益將取決於標的物中，對投資人最有利的價格來履約，又稱為「傑出績效選擇權」（Outperformance Option）。彩虹買進選擇權（Rainbow Call）其損益，取決於標的資產中的最高價格；彩虹賣出選擇權的損益，取決於標的物資產中的最低價格者。

若由兩種標的物的價格決定稱為「二色彩虹選擇權」（Two-color Rainbow Option），若三種標的物稱為「三色彩虹選擇權」（Three-color Rainbow Option），若由三色以上稱「多重彩虹選擇權」（Multifactor Rainbow Option）。

例如：投資人買進「多重彩虹選擇權」，其標的物為 TW77、S&P500、CAC40、Nikke225，則投資者可由這些股價指數中，選擇績效表現最好的報酬率來進行結算。

（二）一籃子選擇權

一籃子選擇權（Basket Option）是指選擇權的損益，乃取決於一籃子標的物（如：債券、股票、股價指數及外匯等）的加權平均價格與其履約價的差價。通常指數類的選擇權，都是屬於一籃子的概念。

（三）雙重因子選擇權

雙重因子選擇權（Quanto Option）是指此種選擇權的損益計算，除了取決於標的物的價格外，又取決於另一種標的資產的價格，所以影響其損益將取決於雙重因素。

例如：歐洲地區的投資人至歐洲期交所（Eurex），交易新台幣計價的「1 天台指選擇權」，就是典形的雙重因子選擇權。此合約投資者的損益，除取決於台股指數的漲跌外，仍需考慮歐元兌新台幣的匯率波動風險。

四、其他異形選擇權

除了上述路徑相依、時間相依、多重因子選擇權外，尚有其他形式的異形選擇權，以下將介紹之。

（一）或有型選擇權

或有型選擇權（Contingent Option）是指選擇權買方在到期時，選擇權處於價內的情況，才須繳交權利金；若在契約期間內一直處於價外，則買方將不須支付任何權利金給賣方。所以此類型選擇權，買方不一定會有權利金的支出，所以對投資人有利，因此權利金會較標準型式的選擇權高；但此類選擇權到期時，雖處價內，若獲利金額太少，仍無法覆蓋權利金時，依然是虧損。有關或有型選擇權的示意圖，詳見圖 4-8。

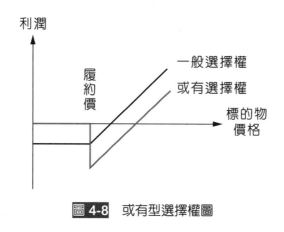

圖 4-8 或有型選擇權圖

（二）延遲型選擇權

延遲型選擇權（Delayed Option）是指買方的權利金可以在到期時，再支付給賣方。延遲型與或有型選擇權，都是期初不必支付權利金。或有型選擇權則是到期時選擇權處於價內，才需支付權利金，價外則不用支付；但延遲型選擇權是到期時，不論處於價內外，皆須支付權利金，但價內時權利金可從獲利金扣除，價外仍須另付權利金。所以延遲型選擇權，只是權利金可以延遲支付而已。

（三）百慕達式選擇權

百慕達式選擇權（Bermudan Option）是指選擇權的買方，僅能在契約期間內的某特定日期，才可執行權利。所以有別於歐式選擇權只准在到期日執行、以及美式選擇權可以在契約時間內的任何時間執行；故又稱為「準美式選擇權」（Semi-American Option）。所以該類選擇權的權利金，比歐式選擇權高，但比美式選擇權低。

一般來說，此類選擇權常附加於，可轉換、可贖回與可賣回等類型的公司債。債券發行人會設定一年當中，在某幾個特別時點，才能執行轉換、贖回與賣回權利。

（四）定額型選擇權

定額型選擇權（Digital Option）是指買方在支付一筆權利金後，若選擇權到期時，只要處於價內情況，不管價內的獲利金額多寡，買方有權獲得一筆事先議定的定額收益；若處於價外，則無獲利金額。一般而言，若到期時定額收益愈高，則期初付出的權利金則愈多。

定額選擇權又可區分「全有或全無定額選擇權」（All-or Nothing Digital Option）與「單一觸價定額選擇權」（One-touch Digital Option）。「全有或全無」型式，須選擇權到期時處於價內，持有者才有收入，屬於歐式選擇權的概念。「單一觸價」型式，只要在契約期間內，曾經觸及履約價，便即有收入，屬於美式選擇權概念。有關定額型選擇權的示意圖，詳見圖4-9。

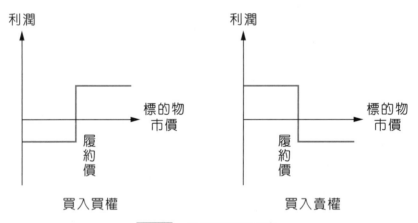

圖 4-9　定額型選擇權圖

（五）複合型選擇權

複合型選擇權（Compound Option）是指選擇權的買方（賣方）在期初支付（收取）一筆權利金後，取得在未來的一段時間後，可以以某一價格買進（或賣出）另一選擇權的權利。複合型選擇權是一種選擇權的選擇權（Option on Option）。通常複合型選擇權可分為四種，亦即買權的買權（Call on Call）、買權的賣權（Put on Call）、賣權的買權（Call on Put）、賣權的賣權（Put on Put）。

4-3 結構型金融交換

基本上，各種的金融交換都是以利率交換爲基底，因爲所有的交換合約，都須涉及交易雙方，在未來的一段期間內，以某一固定的名目本金爲計算基礎，彼此交換一系列不同現金流量的過程。因此交換合約中，每期的現金流量的變化，就可衍生出多樣化的交換合約。此外，交易人因某些特殊的交換需求，也爲交換合約增添許多變種的樣式。以下將介紹幾種較常見結構型交換商品。

一、遞增型交換

在基本交換交易中，期初與期末的名目本金，通常是固定不變的；但遞增型交換（Accreting Swap）是指在合約期間內，交換的「名目本金」，會隨著時間增加而增加，因此每一期的現金流量也雖之不同。通常此類交換合約適用於營建計劃的融資額，隨著工程完工程度，所需融資額而增加。有關遞增型利率交換的名目本金變化圖，如圖 4-10 所示。

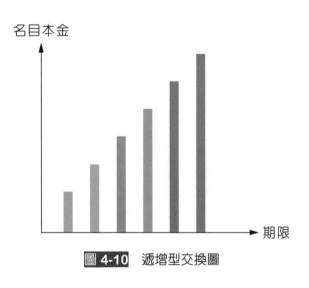

圖 4-10 遞增型交換圖

二、遞減型交換交易

遞減型交換交易（Amortizing Swap）是指在合約期間內，交換的名目本金，會隨著時間增加而遞減，因此每一期的現金流量也雖之不同。通常此類交換合約適用於機器設備的折舊換利，其名目本金隨時間而減少。有關遞減型利率交換的名目本金變化圖，如圖 4-11 所示。

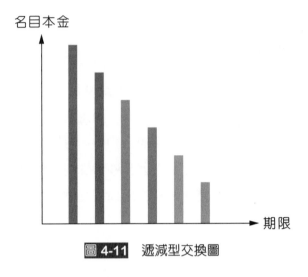

圖 4-11 遞減型交換圖

三、起伏型交換

　　起伏型交換（Roller-coaster Swap）是指合約期間內，交換的名目本金較起伏不定，因此每一期的現金流量也忽大忽小。通常此類交換合約適用於營建計劃所需的融資額度，最初有遞增趨勢，並且在包商的契約款陸續付清後，所需的融資額度逐漸減少。有關起伏型利率交換的名目本金變化圖，如圖 4-12 所示。

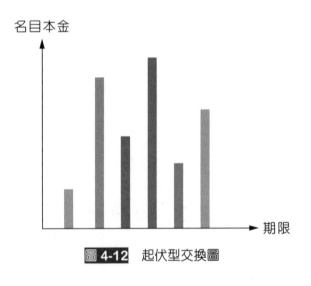

圖 4-12 起伏型交換圖

四、票息上升 / 下降交換

　　票息上升 / 下降交換（Step-up/Step-down Coupon Swap）是指交易雙方在從事利率交換時，由一方支付浮動利率，另一方支付固定利率，但固定利率的支付型

式,則採取逐步向上增加或向下減少的調整,故此種交換又稱為「變動固定利率交換」(Variable Fixed-rate Swap)。有關票息上升／下降的利率交換示意圖,詳見圖 4-13 與 4-14。

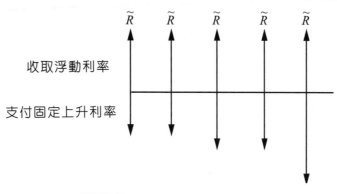

圖 4-13 票息上升交換交易圖

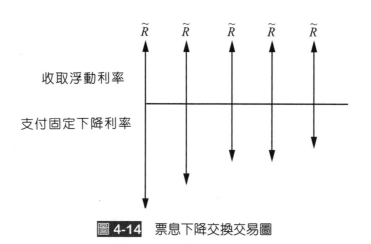

圖 4-14 票息下降交換交易圖

五、價差鎖定型交換

通常基本型式的利率交換,在簽訂合約時,即已決定雙方的利息流量方式。價差鎖定型交換(Spreadlock Swap)是指交易雙方在簽約時,雙方的利息流量僅決定固定利息支出方式,浮動利息的支出僅決定價差,但其浮動的指標參考利率,可等待日後再來決定,所以又稱「延遲利率設定交換」(Delayed Rate Setting Swaps)。

例如：甲乙雙方承作價差鎖定型利率交換，甲支付固定利率給乙方，乙方支付「三個月後的六個月 LIBOR 利率＋20bp」給甲方。所以此交換可僅先決定價差 20bp，其浮動的指標參考利率則可延後三個月後再來決定。當然此交換，甲方是預測三個月後的利率水準將提高，可使他的收益率增加。

六、延遲交換

延遲交換（Deferred Swap）是指交易雙方議定交換合約後，所有包括交換的利息流量、名目本金及契約期限等條件，均依約定生效，但雙方不立即開始發生現金流量的交換，而是延遲某段時間後才開始支付利息。

例如：甲公司 10 月 15 日與銀行進行每個月一次的利率交換交易，但議定於明年的 1 月 15 日才開始第一次的現金流量，以避開 12 月 31 日的年度結算日。此交換已於 10 月 15 日即生效，開始計算損益，只是延遲至明年的 1 月 15 日才有現金流量發生。

七、零息利率交換

零息利率交換（Zero Coupon Swap）是指交易雙方承作利率交換時，將由一方以一連串的固定（或浮動）利息流量，交換另一方單筆的利息流量；而單筆的現金流量發生，可以在期初、期中或期末支付，但大多發生在期末時。

實務上，此類型的交換常應用在可轉債的交易上，因為可轉債投資人，若期末無轉換成普通股的機會，且持有期間所領取的票面利率又低甚至於零，所以發行公司通常在到期時會補償投資人一筆較大額的現金流量；所以投資人常會將這筆期末會收到的大額的現金流量，跟交易對手換取每一期會收到的一筆小額的利息流量。有關零息利率交換的示意圖，詳見圖 4-15。

 【例 4-4】零息利率交換

若投資人購買一檔 5 年期的可轉債，其票面利率為 0%，若 5 年內皆無轉換機會，則可在第 5 年債券到期時，獲得一筆到期贖回利率（YTP）為 43.56% 的補償。此時投資人可與銀行承作零息利率交換，銀行給予投資人每年固定 7.25% 的利率，與投資人交換可轉換公司債的到期贖回利率 43.56%。雙方經過交換後，投資人可達到改變現金流量及利率避險的目的。

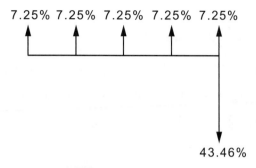

圖 4-15 零息利率交換

八、溢價 / 折價交換

溢價與折價交換（Premium ╱ Discount Swap）是指雙方支付利息流量時，固定利息的支付若偏離現在市場的合理利息，故又稱為偏「離市場利率交換」（Off-market Coupon Swap）。通常溢價交換交易，所支付的固定利率高於簽約當時的交換市場價格；折價交換交易，所支付固定利率低於簽約當時的交換市場價格。

一般而言，溢價與折價交換的交易價格與市場價格之間，所造成的利息差額，將於簽約當時以現金方式預付。其預付的差額計算公式如下式：

$$B_N = \sum_{t=1}^{n} \frac{r_d \times B}{(1+r_a)^t}$$

B：名目本金

B_N：預付差額現金的淨現值

r_a：當時市價實際交換利率

r_d：市價與偏離市價的利率差值

t：期限

【例 4-5】溢價與折價交換

假設投資人承作做一筆五年期的溢價交換交易，名目本金為 1,000,000 美元，支付固定年利率為 7%，換取浮動利率為 LIBOR。假定當時的交換交易的合理固定利率為 6%，則此溢價交換，固定利息流量的淨現值為何？

 解

$$B_N = \sum_{t=1}^{5} \frac{(7\% - 6\%) \times 1,000,000}{(1 + 6\%)^t} = 42,123.62$$

九、差異利率交換

差異利率交換（Differentiation Swap）是指交換的兩組利息流量，涉及兩組不同幣別。所以此種交換的影響因素，除了利率外、還有匯率的因素，故又稱為「雙重因子換利」（Quanto Swap）。

例如：甲乙兩方從事差異利率交換，甲方支付三個月期美元 LIBOR 利率，乙方支付三個月期歐元 LIBOR 利率，雙方名目本金以美元計價。若美元 LIBOR 利率相對歐元 LIBOR 利率下跌，則甲方可以減少利息的支出，但若美元相對歐元升值，則會增加甲方的利息支出。有關交換的示意圖，如下圖 4-16 所示。

圖 4-16 差異利率交換

十、總和收益利率交換

總和收益利率交換（Total Return Swap）是指交換的甲乙雙方簽訂契約後，甲方將某項資產的總報酬支付給乙方，乙方則支付固定或浮動利率給予甲方，且乙方須承擔那項資產的信用風險、價格風險及利率風險等。且整個交換過程並沒有本金的交割，而是採期末差額交割。所以此類型交換，甲方將資產所有的收益與風險均轉嫁給乙方，以換取一筆固定或浮動收益。

【例 4-6】總和收益利率交換

若交換契約以東南亞地區的債券為標的，票面利率為 6%，當投資機構與銀行簽訂契約後，雙方進行總合收益利率交換，由銀行支付債券票面利率 6% 的固定年息給投資機構，投資機構則按 6 個月期 LIBOR 加碼 1.5%，支付浮動利息給銀行（若 6 個月LIBOR 為 2.5%，投資機構半年支付給銀行年息 4%）。因此兩者利息價差 2%（6% −4%）即為投資機構所賺取利息，而銀行向外幣拆款市場拆借利率為 LIBOR，亦為本身賺進 1.5%（LIBOR + 1.5% − LIBOR）的無風險利息價差。

但將來契約到期，或該債券出現信用危機時，投資機構必須無條件依照原價向銀行買回該債券，但支付方式係以差額交割（即債券簽約時原市價與契約贖回時市價的差額）。如此一來，銀行即可將債券的價格、違約及利率風險轉嫁給投資機構。有關交換的示意圖，如下所示：

【未進行交換前的收益情形】

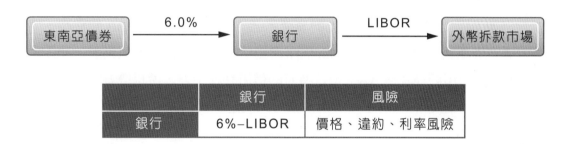

	銀行	風險
銀行	6%−LIBOR	價格、違約、利率風險

【進行交換後的收益情形】

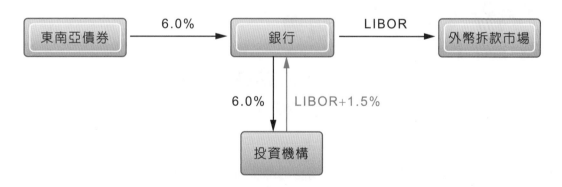

	銀行	風險
銀行	1.5%	無
投資機構	4.5%−LIBOR	價格、違約、利率風險

十一、信用違約交換

信用違約交換（Credit Default Swap, CDS）是指甲乙交易雙方簽訂契約後，甲方在契約起始日時，支付一筆「違約權利金」（Default Premium）給乙方，將資產的違約風險轉架給乙方，若在到期日前標的資產發生違約時，乙方必須支付標的資產本金損失的部分予甲方。信用違約交換與總和收益利率交換的最大不同是，信用違約交換所轉移只有「違約風險」，而總和收益利率交換除了違約風險之外，還包括到期時資產價格變動的風險，以及到期日標的資產信用狀況發生變化（尚未違約的狀況）的價格、以及利率風險等。

十二、信用價差交換

信用價差交換（Credit Spread-linked Swap）是指雙方契約成立後，雙方依標的資產的信用品質變化，所產生的信用價差（Credit Spread），作為雙方互相清償的依據。

例如：甲持有信用評等 AAA 的資產，乙方持有信用評等 BBB 的資產，期初雙方議定資產交換，乙方支付 60bp 信用價差給甲方作為補償。但經過一期後，甲持有的資產信用評等降為 AA，但乙持有的信用評等不變，所以雙方的信用價差縮為 40bp。所以透過信用價差交換後，就可以規避掉因信用狀況改變，所引起的利率風險。

金融**大**視界

殺死 Bill 的「總收益互換」是個什麼？
為何巴菲特 20 年前就警告過

資料來源：摘錄自北京新浪網，**2021/04/03**

近期，對沖基金經理 Bill 所管理的基金發生爆倉事件引發市場關注，一個名為「總收益互換」的衍生品工具也來到了聚光燈下。事實上，股神巴菲特早在 2002 年致股東信中就曾警告人們：「總收益互換使得保證金要求像個笑話，它們可能是致命的。」

　　總收益互換（Total Return Swap）是指信用保障的買方在協議期間將參照資產的總收益轉移給信用保障的賣方，總收益可以包括本金、利息、預付費用以及因資產價格的有利變化帶來的資本利得；作為交換，保障賣方則承諾向對方交付協議資產增殖的特定比例，通常是 LIBOR 加一個差額，以及因資產價格不利變化帶來的資本虧損。

　　此類互換是一種櫃檯交易產品，不能證券化，也不能在二級市場上進行交易。由於沒有真實股票買賣交易發生，總收益支付方可以在無需出售資產的情況下，秘密地消除資產的所有經濟風險。而總收益接收方則無需購買該資產，就能獲得該資產的所有風險敞口。

融資機構的兩難

　　一方面，銀行從事的是提供融資的業務，通常希望以成本效益高的方式減少風險。銀行衍生品交易員希望向對沖基金放貸，因為它們將支付高昂的融資成本，遠高於銀行從保險公司、投資銀行等其他對手方獲得的融資成本。然而，對沖基金的高融資成本是有原因的。對沖基金不會在資產負債表上披露其持有的全部資產。評估對沖基金信用的信用經理因此無法知道對沖基金究竟有多少風險敞口，使用了多少槓桿。

　　另一方面，銀行也無法因為可能的「不透明」風險，而向對沖基金要求更高比例的抵押品。要求更多抵押品的銀行通常發現，對沖基金會與另一家提供更優惠抵押品條款的銀行進行總收益互換。

　　有一避險基金經理人將投資組合內的債券，跟銀行承作「總和收益交換」，雖可將債券相關的價格、違約與利率風險轉嫁出去，但與他承作的銀行卻要求很高的交換保證金，使得基金的收益反而受到影響。

	匯控向美證監申請發可轉換證券 https://www.youtube.com/watch?v=1TUCRjepmWc 匯豐金控擬發行「永久後償或有可轉換證券」。此證券為可轉債的一種，當公司自有資本比率觸及某一比率時，可將債券強制轉換成普通股，以強化資本結構。
	Credit Default Swap 信貸違約掉期 https://www.youtube.com/watch?v=IyKzfAb1LIk 介紹違約風險交換的運作過程。公司債的持有者，付出一筆保險金後，將債券的違約風險移轉給願意承做 CDS 的交易對手，就可規避公司債違約風險。

本章習題

1. 請寫出 5 種指數債券的連結商品？

2. 請寫出 7 種附選擇權的債券？

3. 請說明平均價格選擇權與平均履約價格選擇權的差異？

4. 請說明或有型與延遲型選擇權的差異？

5. 假設投資人承作一筆三年期的溢價交換交易，名目本金為 1,000,000 美元，支付固定年利率為 4%，換取浮動利率為 LIBOR。假定當時的交換交易的合理固定利率為 3%，則此溢價交換，固定利息流量的淨現值為何？

6. 請說明總和收益利率交換與信用違約交換的差異？

NOTE

CHAPTER 5

權證類型商品

本章內容為權證類型商品，主要介紹特殊類型的權證、以及牛熊權證等商品之內容，其內容詳見下表。

節次	節名	主要內容
5-1	特殊類型權證	介紹幾種特殊類型的權證商品。
5-2	牛熊權證	介紹一般型與延展型的牛熊權證商品。

 本章導讀

　　所謂的「權證」（Warrants）是一種權利契約，持有人有權利在未來的一段時間內，以事先約定的價格購買或出售一定數量的標的物。所以就其意義來說，權證是選擇權的一種，只是選擇權的標的物可以是利率、外匯、股票及商品等；但權證的標的物大都以股票為主；且權證的存續期限，也較普通選擇權來得長。通常買賣權證，如同時買賣股票一樣，在購買前需先瞭解標的物公司的狀況，也必須對發行權證公司的信用狀況進行了解，以降低投資風險，這樣才能獲取最佳的報酬率。

　　國內於 1997 年首次發行認購權證以來，經過 20 幾年的市場的變化，權證的發行設計上，也出現許多新型態的商品，以因應投資人的需求。以下本章將介紹幾種設計較特殊的權證商品、以及牛熊權證商品。

5-1 特殊類型權證

　　基本上，權證若依據權利不同，可區分為認購與認售權證。若依據履約期間不同，可區分美式與歐式權證。若依據市價與履約價的差異，可區分為價內、價平與價外權證。這些分類都是權證最基本的型式，但市面為了滿足某些公司或投資人的特殊需求，會在權證附加些變化，讓權證市場更加多樣性。以下將介紹三種特殊類型的權證：

一、重設型權證

　　重設型權證（Reset Warrant）是指權證在發行一段特定時間內，可以重新調整其「履約價格」。就認購權證而言，在發行一段特定期間內，若標的股下跌至某一水準，權證的履約價格將可「往下」重新設定，使投資人具有下檔風險的保護；就認售權證而言，在發行一段特定期間內，若標的股上漲至某一水準，權證的履約價格將可「往上」重新設定，使投資人具有上檔風險的保護。

　　此種權證商品設計之目的：是為了提高投資人認購意願與降低認購風險，並降低權證發行人的承銷風險。由於具有履約價格可以調整的保護條款，故其權利金亦會較一般型權證高。通常重設型權證，又依可重設時點、及可重設價格的調整方式不同而分類如下：

（一）單一重設時點、單一重設價格

　　此權證是指權證在存續期間內的某一特定時點，可依標的股價是否已經達到預先設定的某一特定價格，而決定重新調整原履約價格。例如：某認購權證，可設定1個月後，履約價可調整為原始標的股價的80%。

（二）單一重設時點、多重重設價格

　　此權證是指權證在存續期間內之某一特定時點，可依標的股價是否已經達到預先設定的某一組特定價格，而決定重新調整原履約價格。例如：某認購權證，可設定1個月後，履約價可調整為原始標的股價的95%、90%、85%、80%。

（三）多重重設時點、單一重設價格

此權證是指權證在存續期間內之某一組特定時點，可依標的股價是否已經達到預先設定的某一特定價格，而決定重新調整原履約價格。例如：某認購權證，可設定 1、2、3 個月後，履約價可調整為原始標的股價的 80%。

（四）多重重設時點、多重重設價格

此權證是指權證在存續期間內之某一組特定時點，可依標的股價是否已經達到預先設定的某一組特定價格，而決定重新調整原履約價格。例如：某認購權證，可設定 1、2、3 個月後，履約價可調整為原始標的股價的 95%、90%、85%、80%。

二、上（下）限型權證

上（下）限型權證（Caps/Floor Warrant）是指權證發行時設定兩個價格，一個是正常的「履約價格」，另一個是特定的「障礙價」（上限或下限價），當標的證券觸到或穿越此障礙價時，權證即開始失效。所以國內所發行上（下）限型權證，其實就是「障礙式選擇權」（Barrier Option）的應用。

此種權證在還沒到期前，只要標的證券觸及上限或下限價，就有可能提早結算，無疑的有礙於投資人的獲利空間，對投資人較不利（對發行者有利），因此理論上，其權證的價格應較一般型權證便宜。但因投資人付出的權利金較少，投資人可享有較高的操作槓桿倍數，更有利於投機操作，因此也會增加投資人購買此權證的意願，且有助於發行人降低承銷風險，以及比較能確定未來的最大損失空間。有關上（下）限型權證的設計說明如下：

（一）上限型認購權證

上限型認購權證是指認購權證發行時設定一上限價，以限制最大獲利，通常上限價較標的證券的市價高。當標的證券在未來一段期間內，收盤價觸到或穿越所設定的上限價時，即視該權證到期或自動履約，自動以當日標的證券收盤價辦理現金結算。其損益如圖 5-1 所示。

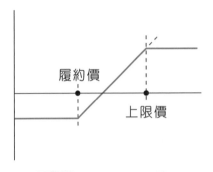

圖 5-1　上限型認購權證

（二）下限型認售權證

　　下限型認售權證是指認售權證發行時設定一下限價，以限制最大獲利，通常下限價較標的證券的市價低。當標的證券在未來一段期間內，收盤價觸到或穿越所設定的下限價時，即視該權證到期或自動履約，自動以當日標的證券收盤價辦理現金結算。其損益如圖 5-2 所示。

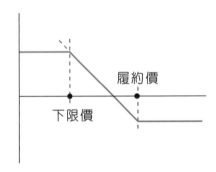

圖 5-2　下限型認售權證

三、贈送型權證

　　贈送型權證（Endowment Warrant）是指投資人購買一個由公司發行的長天期（通常為 7 年以上）的普通型權證，因為標的股票每年配息時，權證的履約價格須往下調整，權證履約價格經過幾年的調整後，可能降至零。因此投資人在權證到期時，等於不用發任何一毛錢就可以取得該公司的股票，所以該權證才會被稱為贈送型。

　　但其實投資人在購買該權證時，也已經付出一筆權利金，所以投資人並不是不用花任何成本就取得該公司股票。通常發行此類型權證，大都以高股息的公司為標的物。

金融大視界

權證抱過年怕時間價值減損？
還有這種「抗老化權證」可選

資料來源：摘錄自聚亨網 2017/01/18

　　金猴年封關倒數，依據台新投顧統計過去 10 年資料，封關日和開紅盤日台股上漲機率至少 70%，台新證券提醒，除了封關和開紅盤行情，年節期間也有多家高科技股公布財報，若投資人以台新「抗老化權證」留倉抱過年，時間價值僅 1 天減損、且全面不降隱波率，雙重保障接軌國際股市行情。

　　由於權證投資人往往會擔心權證抱過年會減損數日的時間價值，反而導致錯失國際股市行情，台新證券對此提出解決之道，發行權證的時間價值皆以交易日計算，因此年假期間只會減損 1 天的時間價值，同時也推出「抗老化權證」，亦即全面不降隱含波動率，開紅盤當日即可充分反應標的走勢，透過這 2 大雙重保障，讓投資人安心過年。

解說

　　由於權證具有時間價值，所以投資人最怕購入後，即使標地物不漲跌，權證價值仍隨著時間遞減。尤其，長達 1 個星期以上的年假，更是對權證的時間價值造成大傷。所以有券商推出以「交易日」為計算標準的「抗老化權證」，而非以「到期日」為計算標準。因此年假期間只會減損 1 天的時間價值，對投資者而言，可以減輕時間價值的傷害。

5-2 牛熊權證

國內現所發行的牛熊證（Callable Bull/Bear Contracts）乃類似認購（售）權證，「牛證」相對應未來行情看多的認購權證；「熊證」相對應未來看空的認售權證。但牛熊證其發行型態嚴格說來，不屬於選擇權的型式，應屬於「結構性商品」。其主要的原因是牛熊證並沒有如同選擇權一般，其價值會隨時間遞減的情形，其主要原因乃它的時間價值在發行時，早就被就一開始所設定的「財務費用」給固定了。

國內所發行的牛熊證，除了在發行時，會收一筆固定的財務費用，當作發行成本外；也會設定一個「限制價格」，當標的物市價觸到「限制價格」時，權證會提早到期，以間接保護投資人的損失。通常牛證的限制價會設在標的物市價之下，所以牛證類似於「下限型認購權證」；熊證的限制價會設在標的物市價之上，所以熊證則類似於「上限型認售權證」。

此外，國內現行所發行的牛熊證在發行時，通常都以「價內」的方式發行，其目的是希望牛熊證的漲跌幅度能與標的物相一致，以讓牛熊證能夠發揮實質的槓桿倍數。另外，國內近年來鼓勵投資人進行長期的價值投資，所以將現行的牛熊證加了一個可以「延展」的機制，投資人可以長期持有牛熊證，以享有長期投資的優勢。以下我們將進一步介紹一般型式與延展型牛熊證的各種特性：

一、一般型牛熊證

一般型的牛熊證，具有以下幾點特性：

（一）採取價內發行

通常牛熊證的發行者在發行時，必須先設定標的物之「履約價格」與「限制價格」。牛（熊）證標的物市價均高（低）於限制價格與履約價，且限制價格又須高（低）於履約價，因此牛熊證的發行是採價內發行。其主要用意乃希望權證的漲跌幅和股票同步，以發揮實質的槓桿倍數；但價內發行的牛熊證，發行價格相對較高，所以槓桿效果，不若一般的權證高。有關牛熊證發行時，標的物市價、限制價與履約價的關係圖。詳見圖 5-3。

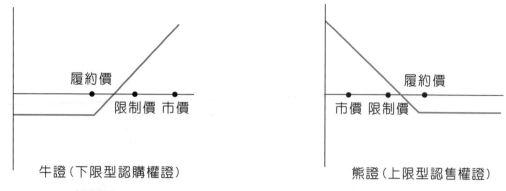

圖 5-3 牛熊證發行時，標的物市價、限制價與履約價的關係圖

通常牛證發行時，標的物市價、限制價與履約價的高低應為：標的物市價＞限制價＞履約價。例如：假設某一券商發行牛證，其發行時標的證券市價為 50 元時，權證限制價將設為 40 元，履約價將設為 36 元。

通常熊證發行時，標的物市價、限制價與履約價的高低應為：履約價＞限制價＞標的物市價。假設某一券商發行熊證，其發行時標的證券市價為 40 元，權證限制價將設為 50 元，履約價將設為 60 元。

（二）價格計算透明

一般而言，牛熊證的訂價並不像一般選擇權，採用 Black-Scholes 模型訂價，而是採「財務費用年率」計算。因此牛熊證在訂價中的財務費用，即已考量選擇權存續時間內所有的時間價值，所以牛熊證的持有者，在期初購買時，其財務費用就已經被固定了。因此牛熊證的價格，並無一般選擇權因隨著到期日的逼近，而使得時間價值逐漸遞減之情形。有關牛熊證價格以及財務費用公式的計算式如下兩式：

牛熊證價格＝履約價格與標的物市價之差價 × 行使比例＋財務費用

財務費用公式＝財務相關費用年率 × 履約價 ×（距到期日天數 ÷365）× 行使比例

（三）設定停損機制

通常牛熊證發行時需設限制價格，在到期日之前，若標的物收盤價觸及限制價，牛熊證將提早到期，必須由發行商收回，其買賣亦會即時終止，投資人會損失全部的財務費用，但仍然可收回現金餘款（剩餘價值）。若到期前標的物收盤價並無觸及限制價，投資人可於到期前在集中交易市場賣出或持有至到期，到期時投資人可獲得之現金結算款項，為履約價與標的證券價格之差價乘以行使比例。

通常標的物價格與限制價相差愈大之牛熊證，強制收回的機率愈低，所以價格相對較高，則其槓桿倍數也就相對較小；反之，標的物價格與限制價相差愈小，強制收回的機率愈高，所以價格相對較高低，則其槓桿倍數也就相對較大。

（四）漲跌貼近市價

牛熊證在發行時採價內發行，因此權證價格已含內含價值（履約價值）。若牛熊證與標的物行使比例為 1:1 時，則權證與標的物的價格變動比率會趨近於相同，所以權證除了能緊貼標的物之走勢，還不須支付購入標的物之全數金額，具有槓桿特性。此槓桿效果，類似融資買進股票或融券放空股票。

例如：某牛證的標的股票市價為 55 元時，該牛證限制價設為 45 元，履約價設為 40 元；則此時牛證價格已有 15 元（55-40）的履約價值，假設發行成本（財務費用率）1 元，所以該牛證價格為 16 元（15+1）。若此時標的股價從 55 元漲至 60 元，上漲 5 元，則此時牛證也將上漲 5 元，漲至 21 元。所以投資人等於只用 16 元，就可投資 55 元的股票，具有 3.44 倍（55/16）的槓桿效果。

金融大視界

牛熊證類似融資融券　但有 3 項優點

圖文資料來源：摘錄自東森新聞雲 2016/04/27

在權證市場可以聽到「牛熊證」這個名詞，但究竟是什麼大家很陌生，它類似於融資、融券，但卻有高槓桿、具到期日、利息低的 3 大優點。牛熊證為界限型權證的一種，採價內發行，可分為牛證及熊證。其中牛證就像認購權證，

▶ 牛熊證是什麼？

　　牛證：類似融資買進股票，屬於下限型認購權證

　　熊證：類似融券放空股票，屬於上限型認售權證

▶ 牛熊證的優點？

　① 高槓桿

　② 有到期日

　③ 利息低

為看多的投資人所設，不過卻有停損機制，屬於下限型認購權證；熊證則類似於認售權證，為上限型認售權證。

牛熊證的效果類似融資買進股票或融券放空股票，但卻有更高的槓桿效果、利息也比較低，最重要的是有到期日，有自動停損的功能，在存續期間內，當標的股價收盤跌破牛熊證的下上限價時，牛熊證就會強制提前到期，當日將成為牛熊證的最後交易日，發行商會將觸界後的剩餘價值，以現金結算給投資人，也就是說，投資人不會血本無歸。

　　國內的牛熊證的設計，採價內發行亦有限制價格的控管，且所支付的財務費用率也很合理。所以投資人除了享有槓桿效果外，又有停損機制的風險控管，且財務費用率換算成融資的成本，也較低廉。所以國內牛熊證的商品特性類似信用交易。

二、延展型牛熊證

一般型的牛熊證在到期前，根據國內規定只要價內程度需達 30% 以上，投資人可以在規定的日期內申請再延展到期日，此稱為「延展型牛熊證」，實務界又稱為「存股證」。存股證提供在證券市場中，喜好中長線布局的投資人一項新選擇。有關存股證的特性，基本上跟一般型式相同，但仍有一般型牛熊證所沒有的優點與特色，以下將說明之：

(一) 無須支付費用

若該牛熊證為「可延展型」，投資人可在權證原到期日前 20 個營業日，向發行人申請展延，就可繼續持有該權證，且展延後的權證本身價格不變。至於延展的費用，投資人無須再支付，通常會用調整履約價的方式，來作為下一期的財務相關費用；所以牛（熊）證會將履約價格往上（下）調整。

例如：假設第一期期末，延展型牛證的履約價格為 36 元，若投資人欲展延時，此時將下一期的履約價，從原先的 36 元調高為 36.5 元，那履約價被調高的 0.5 元，就當作下一期財務相關費用，所以利用調整履約來預付財務費用的方式，可使投資人長期持有，並不需增加任何交付費用的繁瑣流程。

（二）節省稅負支出

投資人可將牛熊證的到期日，延展至該標的股票發放股利之後，此舉可以享有股利免課稅的好處。假設某檔延展型牛證（存股證），其標的股票發放現金股利，雖存股證不會直接領取股利，但存股證可能會被「調降存股證的履約價」或「調高存股證的行使比例」的方式，來對調整除息對存股證的影響；待將來存股證出脫後，所賺取的資本利得中，已內含股利的收益，所以存股證可將現股的股利收益巧妙的轉換成存股證的資本利得，以達到節稅的效果。

例如：假設某存股證延展後，履約價格調整為 35 元；其標的股票若發放現金股利 2 元，存股證若以「調降存股證的履約價」方式處理，則最新的履約價格調整為 33 元（35 － 2）。若將來投資人將存股證以 60 元出售，則投資人共可獲利 27 元（60 － 33）的資本利得（其中包含 2 元的現金股利），這些資本利得皆不用被課稅。若投資人是持有現股，那所發放的 2 元的現金股利就必須被課稅。

（三）股利迅速移轉

若延展後的牛熊證，發放現金股利，該除息後的標的物，若立即填息，存股證也同步上漲；且投資人立即售出，如同馬上領取股利的感覺，享受現金股利迅速移轉的好處；不若現股持股人須等待一段時間，才能領取股利。

例如：假設某檔存股證延展後，其標的股票發放現金股利，股價受到除息的影響而下降，若標的股票立即填息上漲，則存股證亦同步上漲；若此時將存股證售出，資本利收入內已包含股利，如同馬上領取股利的好處，不用像現股須等待一個月的時間，現金股利才會入帳。

 【例 5-1】一般型與延展型牛證

假設某一券商發行牛證，其發行時標的證券市價為 60 元，權證限制價為 50 元，履約價 40 元，財務費用比率 5%，權證與標的證券行使比例 1:1，存續期間 3 個月。請問

1. 權證發行價格為何？

2. 權證有效槓桿效果為何？

3. 若權證未到期前跌至限制價，並以該價格進行結算，則投資人可回收多少剩餘價值？此時投資人報酬率為何？

4. 若標的證券於存續期間無觸及限制價，且到期日漲至 80 元，此時投資人報酬率為何？

5. 若權證 3 個月到期，投資人欲展延 6 個月，此時發行券商將履約價調整至 41 元，以 1 元當作下期費用；若 6 個月到期後，股價結算價為 90 元，請問投資人可獲利多少元？

解

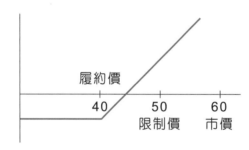

1. 權證發行價格 =[證券市價－履約價＋履約價 × 財務費用比率 ×($\dfrac{距到期日}{365}$)]

   × 行使比例 = $(60 - 40 + 40 \times 5\% \times \dfrac{90}{365}) \times 1$ =20.49

2. 權證有效槓桿效果 = $\dfrac{60}{20.49}$ = 2.928 倍。

3. 標的證券收盤價已觸及限制價 50 元，並以該價格進行結算，則投資人可得之剩餘價值 =（結算價－履約價）× 行使比例 =（50 － 40）×1 = 10 元。

   投資人報酬率為 = $\dfrac{10 - 20.49}{20.49}$ = −51.20%

4. 標的證券於存續期間無觸及限制價，到期日收盤漲至 80 元，則投資人可獲利之金額 =（到期日收盤前均價－履約價）× 行使比例 =（80 － 40）×1 = 40 元。

   投資人報酬率為 = $\dfrac{40 - 20.49}{20.49}$ = 95.22%

5. 若展延 3 個月到期後，股價結算價為 90 元，則投資人可獲利之金額 =（結算價－履約價）× 行使比例 =（90 － 41）×1 = 49 元。

【例 5-2】一般型與延展型熊證

假設某一券商發行熊證，其發行時標的證券市價為 40 元，權證限制價為 50 元，履約價 60 元，財務費用比率 5%，權證與標的證券行使比例 1:0.5，存續期間 6 個月。請問

1. 權證發行價格為何？

2. 權證有效槓桿效果為何？

3. 若權證未到期前漲至限制價，並以該價格進行結算，則投資人可回收多少剩餘價值？此時投資人報酬率為何？

4. 若標的證券於存續期間無觸及限制價，且到期日收盤前跌至 25 元，此時投資人報酬率為何？

5. 若權證 6 個月到期，投資人欲展延 6 個月，此時發行券商將履約價調整至 58.8 元，以 1.2 元當作下期費用；若 6 個月到期後，股價結算價為 20 元，請問投資人可獲利多少元？

 解

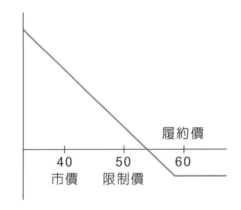

1. 權證發行價格 $=[$ 履約價 $-$ 證券市價 $+$ 履約價 $\times$ 財務費用比率 $\times (\dfrac{\text{距到期日}}{365})]$ $\times$ 行使比例 $= (60 - 40 + 60 \times 5\% \times \dfrac{182}{365}) \times 0.5 = 10.748$ 元。

2. 權證有效槓桿效果 $= (\dfrac{40}{10.748}) \times 0.5 = 1.861$ 倍。

3. 標的證券收盤價已觸及限制價 50 元，並以該價格進行結算，則投資人可得之剩餘價值 $=$（履約價 $-$ 結算價）$\times$ 行使比例 $=$（$60 - 50$）$\times 0.5 = 5$ 元。

   投資人報酬率為 $\dfrac{5 - 10.748}{10.748} = -53.48\%$

4. 標的證券於存續期間無觸及限制價，到期日收盤前跌至 25 元，則投資人可獲利之金額＝（履約價－到期日收盤前均價）× 行使比例＝（60 － 25）×0.5 ＝ 17.5 元。

投資人報酬率為 $= \dfrac{17.5 - 10.748}{10.748} = 62.82\%$

5. 若展延 4 個月到期後，股價結算價為 20 元，則投資人可獲利之金額＝（履約價－結算價）× 行使比例＝（58.8 － 20）×0.5 ＝ 19.4 元。

金融大視界

存股證 賺填權息價差

圖文資料來源：摘錄自經濟日報 2015/05/26

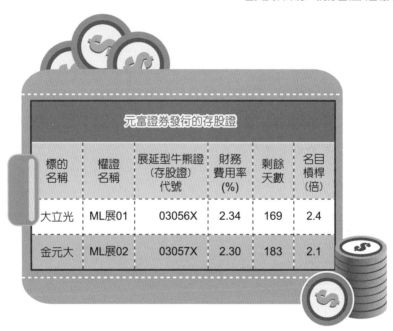

		元富證券發行的存股證			
標的名稱	權證名稱	展延型牛熊證（存股證）代號	財務費用率(%)	剩餘天數	名目槓桿(倍)
大立光	ML展01	03056X	2.34	169	2.4
金元大	ML展02	03057X	2.30	183	2.1

除權息旺季即將到來，市場中長期持股的投資人，都引頸期盼持股公司能夠發布有利的配股配息政策，並且在除權息當日，股價還能上演填權息的行情，不僅手中持股價值不變，一個月後還有股息收入。

今年投資人除了在現貨市場持有股票能夠賺股利外，還能夠有另外的選擇，如在除權息前買進「展延型牛熊證」，又稱「存股證」，也是近年主管機關積極開放的衍生性金融商品之一。

雖然持有展延型牛熊證不能參與配股配息，但是，若除權息當日標的股票填權息，存股證會立即以價格反映。換句話說，就是除權息當日股息股利會直接反映在存股證的價格上漲中。

相同的是，ML 展 02 財務費用率也是僅 2.3% 左右，遠低於市場平均的融資利率，而且具二倍左右的槓桿，今年度若要參與元大金的除權息，透過 ML 展 02 參與，雖不會獲得股利股息，但填權息當天的行情會立即反映在存股證價格上，不需等待一個月。

解說

臺灣近期所發行的可延展行牛熊證，又稱「存股證」。此種權證固價內發行，雖槓桿倍數不是很高，但與標的物股票百分百的連動效果，才是此種權證的賣點。此種權證提供投資人延展的機會，且標的股票除權息，牛熊證雖不會直接收到現金，但會將息值依照規定去調整履約價或行使比例，等同股利自動再投資。而且如果除息當日標的股票填息，那牛熊證就馬上跟著同比例上漲，這如同股利馬上進入自己投資帳戶股的感覺，且很重要的一點，牛熊證又沒有股利課稅的問題，具節稅的優勢。

1. 通常重設型權證是指權證的何種項目可以重新設定？

2. 通常上限型認購權證與下限型認售權證，請問履約價與上限、下限價關係各為何？

3. 請問國內牛證與熊證，標的物股價、限制價與履約價的關係各為何？

4. 請問牛熊證採價內發行的主要用意為何？

5. 通常延展型牛熊證是以調整何種調整項目，來作為下一期的財務相關費用？

金融 FOCUS

	" 看多牛 看空熊 " 牛熊證 55 檔掛牌 https://www.youtube.com/watch?v=0c2N_ewI-KA 牛熊證是國內前陣子，新推出的一種新型結構型商品。該商品玩法類似一般權證、以及指數選擇權。通常看多的投資人買牛證，看空的投資人買熊證。
	" 巴菲特 " 雪球理論！長抱好標的複利滾利 https://www.youtube.com/watch?v=6f_U6GYcdrM 國內近期推出延展型牛熊證，就是俗稱的存股證。投資人可藉由存股證，長期持有股票，除具有槓桿效果外，又具有節稅與可領優渥股息的效果。

1. 通常重設型權證是指權證的何種項目可以重新設定？

2. 通常上限型認購權證與下限型認售權證，請問履約價與上限、下限價關係各為何？

3. 請問國內牛證與熊證，標的物股價、限制價與履約價的關係各為何？

4. 請問牛熊證採價內發行的主要用意為何？

5. 通常延展型牛熊證是以調整何種調整項目，來作為下一期的財務相關費用？

CHAPTER 6

合成類型商品

本章內容為合成類型商品，主要介紹合成型債券、合成型遠期與合成型交換等商品之內容，其內容詳見下表。

節次	節名	主要內容
6-1	合成型債券	介紹兩種合成類型債券商品。
6-2	合成遠期契約	介紹三種合成類型遠期商品。
6-3	合成型金融交換	介紹四種合成類型交換商品。

 本章導讀

「合成型商品」（Synthetical Products）是指兩種或兩種以上的金融商品，經過互相混合（Hybird），所衍生出另一種混合類的新型商品；或者由單一或兩種金融商品，經過拆解（Unbundling）後，並重新排列組合後，再組裝（Repackaging）成「證券化」（Securitization）類型的商品。

通常這些商品的結構設較為複雜，且在商品的訂價亦較艱深。本章將介紹幾種較常見的合成類型商品，分別為有關債券、遠期契約與金融交換等，所發展出的合成型衍生性商品。

6-1 合成型債券

　　合成型債券是指兩種或兩種以上的金融商品，經過互相混合，所衍生出另一種混合類的新型固定收益商品。一般而言，國內對此類債券，又稱為「結構債」（Structured Notes）、或稱為「連動債」。以下將介紹兩種國內常見的型式：

一、保本型債券

　　保本型債券（Principal Guarantee Note, PGN）是由一筆「零息債券」加上「買進選擇權」所組合而成。通常投資人買進保本型債券，銀行會將部分資金，投資一筆零息債券，並估算零息債券到期所償還面額，足夠償還原始本金；之後再將購買零息債券所剩資金投入選擇權，作為支付「買進選擇權」的權利金。若期末選擇權有獲利，投資人除可取回本金外，亦有選擇權的履約價值之收益；反之，若期末選擇權無獲利，雖損失權利金，但至少本金還能獲得保障。

　　此債券至少會將本金保住，因此才被稱為保本型債券。該債券最大損失，已事前就可確定，又有機會獲取高收益的機會，所以屬於一項「進可攻、退可守」的投資商品。其實，此債券的操作策略就是「保本型基金」的模式，也類似前述投資型外幣存款中的「利息結合買進選擇權」之商品。有關保本型債券的損益情形，詳見圖 6-1。

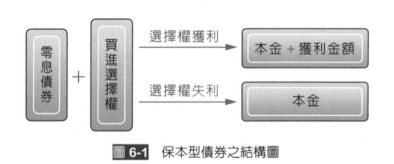

圖 6-1 保本型債券之結構圖

二、高收益債券

　　高收益債券（High Yield Note, HYN）是由一筆「零息債券」加上「賣出選擇權」所組合而成。通常投資人買進高收益債券，銀行會將全部資金，投資一筆零息

債券，並將本金當抵押去賣出等值的選擇權，以收取權利金的額外收入。若期末選擇權，無履約價值，則投資人便能賺得選擇權的權利金收益，以及取回本金。但若期末選擇權，具履約價值，則投資人賣出選擇權的部分，其原始本金會被履約換成另一種幣別的本金，但整體仍有選擇權權利金與另一幣別本金可以領取。

此債券因最大獲利，除了可回收本金外，又有權利金收入，所以才被稱為高收益債券。但此債券的風險在於，若選擇權被買方履約，則原始本金會被履約換成另一幣別的本金，若投資人無另一種幣別本金的需求，要再換回原幣別的本金，則此債券具有匯率損失。此債券也類似前述投資型外幣存款中，「利息結合賣出選擇權」之商品。有關高收益債券的損益情形，詳見圖 6-2。

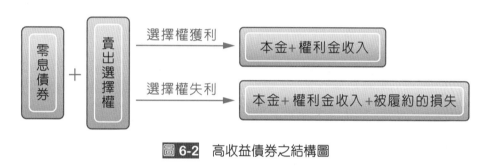

圖 6-2　高收益債券之結構圖

6-2 合成遠期契約

遠期合約是衍生性商品的開端，眾多衍生性商品的組成都與之有關。此節將介紹三種與遠期相關的合成型商品，但這些遠期商品都是由其他商品合成而來。

一、可取消遠期交易

可取消遠期交易（Break Forward）乃遠期契約與選擇權契約的結合。當投資人利用遠期契約規避風險時，若市場走勢反而有利當初的風險部位，避險者有可能後悔當初所作的避險，為了解決此遺憾，於是設計出可取消遠期交易。

通常可取消遠期交易，乃賦予買方在承作遠期交易規避風險的同時，並享有可以沖銷部分該遠期契約的權利，若市場走勢有利於當初的風險部位時，可減少避險所帶來的損失；若市場走勢不利當初的風險部位時，則剛好達到避險的效果，但

必須損失因擁有「可取消的權利」，所以有權利金的支出。有關可取消遠期交易的示意圖，詳見圖 6-3。

【例 6-1】可取消遠期交易

某甲與銀行簽訂一個買進美元兌台幣匯率 34 的美元遠期外匯交易，但某甲擔心當市場匯率走勢，對公司所持有的遠期契約的部位不利時，於是買入一個賣出外匯選擇權，以組成可取消遠期交易，並約定履約匯率為 34 元，即為解約價格（Break Price），且支付權利金 0.75 美元（如圖 6-3）。

1. 若契約到期時，美元匯率若高於 34.75 元，則某甲可依據 34.75 元買進美元。
2. 若契約到期時，美元匯率低於 34.75 元，則某甲可以取消遠期契約，而以當時即期匯率買進美元。
3. 若契約到期時，美元匯率介於 34 元與 34.75 元之間，則某甲有部分差價損失。

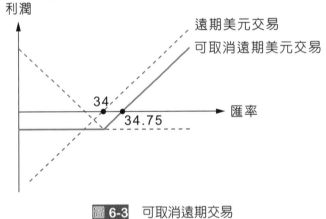

圖 6-3　可取消遠期交易

二、區間遠期交易

　　區間遠期交易（Range Forward）是由兩個選擇權所組合而成，為「買入一個履約價格較低的賣權、與賣出一個履約價格較高的買權」、或者「買入一個履約價格較高的買權、與賣出一個履約價格較低的賣權」所組成。若買權與賣權的權利金相同時，會在兩個履約價格之間出現權利金淨支出為零，故又稱為「零成本選擇

權」（Zero-Cost Option）。此乃提供投資人一個不必支付成本，又能規避風險的好處。有關區間遠期交易的示意圖，詳見圖 6-4。

 【例 6-2】區間遠期交易

某廠商可買入一個履約價 1 美元兌 132 日圓的賣權，同時又賣出一個履約價 1 美元兌 138 日圓的買權，且買權與賣權的權利金相同。

1. 若到期日的匯價介於 132～138 區間，則不需支付權利金。

2. 若到期日的匯價低於 132 日圓，則可得到匯兌收益。

3. 若到期日的匯價高於 138 日圓，則廠商仍以 138 日圓賣出美元，還是會遭受到匯兌損失。

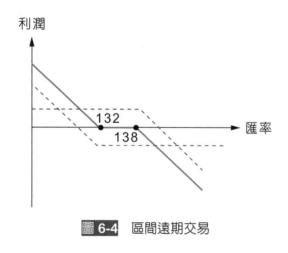

圖 6-4 區間遠期交易

三、目標可贖回遠期

其實，目標可贖回遠期（Target Redemption Forward, TRF），是與上述區間遠期交易的組成結構相類似，都是由兩個選擇權所組合而成；只是 TRF 在合約加上一些障礙價的設計、以及買賣選擇權的名目本金乘上倍數，以讓合成遠期合約具有保護價、限制價以及槓桿效果。所以 TRF 是一個設計結構較複雜的衍生性商品。以下我們進一步拆解說明 TRF 的設計：

1. 通常 TRF 是由同時「買進賣權、賣出買權」、或者「買進買權、賣出賣權」所組合而成，且履約價格都是 E，其將組成一個「賣出遠期合約」、或者「買進遠期合約」，如圖 6-5 所示（以「賣出遠期合約」為例）。

2. 將原先的賣出價格為 E 的遠期合約，加上敲入選擇權障礙價（European knock-in, EKI）的設計，也就是讓 TRF 在價格 E 與 EKI 之間，投資人並不會產生損益，所以 EKI 在 TRF 的設計中，被稱為「保護價」。但只要價格超過保護價，賣出選擇權的名目本金會加倍計算，讓損失呈現倍數增加（所以損益線較陡峭），其設計如圖 6-5-2 所示。

3. 再將已設有 EKI 以及槓桿名目本金的 TRF，加上敲出選擇權障礙價（Discrete knock-out, DKO）的設計，當價格觸到 DKO 時，TRF 即失效，其設計如圖 6-5-3 所示。

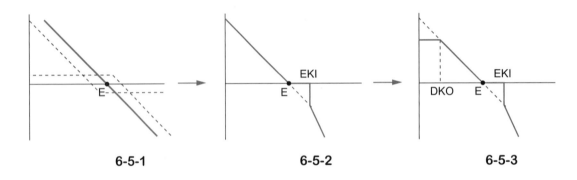

6-5-1   6-5-2   6-5-3

圖 6-5　目標可贖回遠期的設計結構圖

【例 6-3】目標可贖回遠期（TRF）

假設某一投資人與銀行承做一筆美元兌人民幣的 TRF，名目本金為 10 萬美元履約價格為 6.55，EKI 為 6.6，DKO 為 6.5，以及設定損失時槓桿倍數為 2 倍，其損益圖如下圖所示：

1. 當人民幣匯率介於 6.55~6.6 之間，投資人將損益兩平。

2. 當人民幣匯率貶破保護價 6.6 時，損益加倍計算，若匯率為 6.65 時，則投資人損失為 10,000 美元 [（6.6-6.65）×10 萬美元 ×2]。

3. 當人民幣匯率漲至 6.5 時，TRF 即出場，此時投資人的獲利金額為 5,000 美元 [（6.55-6.5）×10 萬美元]。

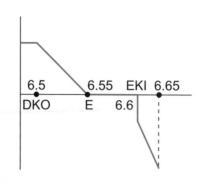

金融大視界

損失總額高達 4 兆　到底 TRF 在鬧什麼？

圖文資料來源：摘錄自今週刊 **2018/03/22**

這次 TRF 的主角價值是人民幣，也就是說如果一個中小企業主，認為中國的經濟發展潛力無窮，人民幣升值潛力無窮，於是現在就敲定一個兌換價位，和銀行約定在一個固定的期間，無論人民幣飆漲到什麼程度，都可以用現在已經約定好的價位來申購人民幣。

當初會考慮和銀行打交道，或是會起心動念去簽下一個 TRF 的中小企業者，應該都是在中國有生意往來，有對人民幣的升值幅度有定見和期待，或者是生意上有預收或預付人民幣的需求，才有可能會被 TRF 這種金融契約產生興趣和需要。如果真的是因應生意上對人民幣的匯率波動要有所控制，不希望有匯率上太大的影響，那麼利用 TRF 來避險，老實依照本身商業上的交易價值來簽定一個預買預賣的遠期外匯交易契約，再大幅的人民幣匯率變動，都不致造成什麼鉅額虧損。

這次跳出來大喊大叫的 TRF 受災戶，都是中小企業，這並不表示大企業老闆沒有受傷，而是大企業如果是投機亂賭人民幣走勢，賠錢也只好摸摸鼻子，不好意思張揚自己的貪婪和對外匯市場的無知。另外一個重要因素是報載 TRF 的損失總額高達四兆，這個金額究竟是以人民幣計價，還是換算成台幣的價格；究竟是契約的名目本金總額，還是 算損益後的 值，都是疑點重重。

國內銀行前陣子，鼓勵中小企業承作人民幣的「目標可贖回遠期契約」（TRF），結果搞得風風雨雨。原本遠期外匯交易是要用來避險的，最後卻變成用來進行投機。所以要承作此類高風險的衍生性商品，企業財務人員必須要具有金融專業知識及交易經驗，以免釀禍。

6-3 合成型金融交換

基本上，合成型的金融交換合約，大致上是以交換合約當基底，再結合其他衍生性商品，以形成衍生性的再衍生性商品。以下將介紹幾種常見的合成型金融交換合約。

一、遠期交換

遠期交換（Forward Swap）是指遠期契約與交換契約所結合，交易雙方議定交換條件（如：標的物、交換方式、合約期間及名目本金等），並約定在未來某一段時間後（通常 6 個月以上）才開始生效。通常遠期交換合約，又可分為正向與反向兩種型式，正向是指在延遲起算的交換交易中，支付固定利率；反向是指在延遲起算的交換交易中，收取固定利率。

【例 6-4】遠期交換

某公司決定在 6 個月後,發行固定利率的公司債,但預期市場利率將走低,公司為節省利息成本,於是進行 6 個月後的遠期利率交換,此交換於 6 個月後起生效,公司將依市場行情支付浮動利率,並收取固定利率。

二、期貨交換

期貨交換(Future Swap)是指將前述遠期交換合約標準化,交易雙方以交易所,所制訂的標準化合約進行延遲起算的交換交易。本文此處以芝加哥期貨交易所(CBOT),所推出的三年期與五年期美元利率交換的期貨合約為例。表 6-1 為 CBOT 所推出的三年期與五年期美元利率交換的期貨合約規格表之說明:

表 6-1　期貨交換合約規格表

合約參數	三年交換交易的期貨合約	五年交換交易的期貨合約
根本交換交易	三年遠期平價息票交換交易	五年遠期平價息票交換交易
名目本金	隨交換交易價格而變動	隨交換交易價格而變動
固定利率	名目本金為 US\$25,000,000 之三年期交換交易的遠期價格	名目本金為 US\$25,000,000 之五年期交換交易的遠期價格
浮動利率	六個月期 LIBOR	六個月期 LIBOR
交換付息頻率	半年同時付息一次	半年同時付息一次
交割方式	現金結算	現金結算

【例 6-5】期貨交換

某甲承做一口 3 年期利率交換的期貨合約，交換交易價格為支付固定利率 7.5%，收取 6 個月期 LIBOR，假設當時交換交易的價格為 7.3%，如果利率上升 1bp 則某甲可獲利為何？（假設 3 年交換交易期貨合約，每口名目本金為 2,500 萬美元），則甲的淨損益為何？

解

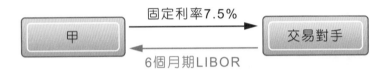

年	2,500 萬美元的 1bp 美元價值	以 7.3% 折現的利息美元淨現值
0.5	1,250	1,206
1.0	1,250	1,164
1.5	1,250	1,123
2.0	1,250	1,083
2.5	1,250	1,044
3.0	1,250	1,008
1bp 的淨現值		6,628

利率上升 1bp，某甲獲利淨現值為 $\sum_{t=1}^{6} \dfrac{25,000,000 \times 1/2 \times 0.0001}{\left(1 + {7.3\%}/{2}\right)^t} = 6,628$

三、選擇權交換

選擇權交換（Option Swaps），是指買方在支付權利金給賣方後，有權利要求在某段期間內簽訂可延展、可贖回及可賣回等交換交易。選擇權交換合約中，以選擇權的終止日期稱到期日，以基本交換交易的固定利率為履約價格。各種不同的交換交易選擇權中，選擇權買方對於基本交換交易，亦有不同的權利如下：

1. **可延展交換交易（Extendible Swaps）**：選擇權買方有權，在原訂交換契約期滿後，在延長一段交換期間的交換交易。

2. **可贖回交換交易（Callable Swaps）**：選擇權買方有權，在原訂交換契約期滿前，固定利率支付者有權提前終止契約。

3. **可賣回交換交易（Putable Swaps）**：選擇權買方有權，在原訂交換契約期滿前，浮動利率支付者有權提前終止契約。

四、交換選擇權

交換選擇權（Swaption），其實是選擇權的一種。利率交換選擇權是以利率交換契約為標的物的選擇權，買方需付一筆權利金給賣方，取得在將來一段期間內，以事先約定的履約利率與賣方承作利率交換的權利。選擇權的買方可以選擇成為固定利率支付的一方（Payer Swaption），亦可選擇成為固定利率收取的一方（Receivre Swaption）。

 【例 6-6】交換選擇權

國內寶來證券曾交易首筆台幣利率交換選擇權，交易的名目本金 3 億元，契約期限是 3 個月，履約價格為 3 年期的利率交換（IRS），交換利率為 2.5%。寶來證券選擇成為固定利率支付的一方，所以 3 個月後寶來證券，依合約支付 2.5% 的固定利率給客戶，收取 6 個月期商業本票的浮動利率。若到期時，3 年期的 IRS 利率高於 2.5% 的履約利率，買方要求履約，賣方得必須付差額。

金融
FOCUS

備兌認購期權策略 101 - 備兌認購期權策略

https://www.youtube.com/watch?v=-Qz8Z4BhCFE

影片中所提及的備兌認購期權策略,是由「買入股票」與「賣出買權」所組成。此商品就如同課本內的可取消遠期的結構一般,屬於一種合成型商品。

認識 TRF 風波

https://www.youtube.com/watch?v=FJizMvgjBw4

國內銀行推出一種合成型外匯商品－ TRF。該商品是由兩種選擇權部位所合成,且有保護價、限制價、槓桿本金的設計,屬於結構較複雜的商品。

本章習題

1. 請問保本型債券，是利用哪些商品所建構而成？

2. 請問高收益債券，是利用哪些商品所建構而成？

3. 請問區間遠期交易，是由哪些商品所組合而成？

4. 假設某一投資人與銀行承做一筆美元兌人民幣的 TRF，名目本金為 100 萬美元，履約價格為 6.35，EKI 為 6.45，DKO 為 6.2，以及設定損失時槓桿倍數為 2 倍，請問 (1) 當匯率為 6.55 時，投資人損益為何？ (2) 當匯率為 6.15 時，投資人損益為何？

5. 請問正向與反向的遠期交換交易有何差異？

NOTE

CHAPTER 7

證券化類型商品

本章內容為證券化類型商品,主要介紹資產、指數、股權以及其他證券化商品等內容,其內容詳見下表。

節次	節名	主要內容
7-1	資產證券化商品	介紹金融與不動產資產證券化兩種商品。
7-2	指數證券化商品	介紹 ETF 與 ETN 兩種指數證券化商品。
7-3	股權證券化商品	介紹兩種股權證券化商品。
7-4	其他證券化商品	介紹智慧財產權與名人身價的證券化商品。

 本章 導讀

「證券化商品」乃是由單一或兩種金融商品,經過拆解(Unbundling)後,並重新排列組合,再組裝(Repackaging)成為一種新類型的商品。通常證券化商品與原始商品的設計會有些差異,但其商品的損益仍與原始商品具高度相關性。所以證券化類型商品,大致上,是所有創新商品中最典型的一種。以下本章將介紹資產、指數、股權以及其他類型等類型的證券化商品。

7-1 資產證券化商品

資產證券化（Asset Securitization）是指金融機構或企業，為提高持有資產的流動性，將其能產生現金收益的資產，經由重新包裝成，不同的債權或資產群組（Pooling），然後發行證券，再出售給投資人。通常資產證券化所發行的商品，可以以「債券」或「基金」的型態出現。

一般而言，資產證券化商品，大致可分為「金融資產證券化」及「不動產證券化」二種。以下將進一步的分別介紹之。有關這兩類所有商品的關係圖，如圖7-1。

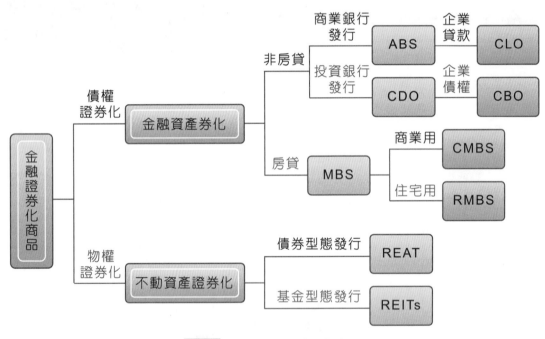

圖 7-1 資產證券化商品關係圖

一、金融資產證券化

金融資產證券化（Financial Assets Securitization）是屬於「債權」的證券化，即銀行將放款資產（如房貸、信用卡、應收帳款等）之本金及利息收入，作為標的基礎，將這些資產出售或信託給另一金融機構，則該信託機構將這些資產按每期固定之現金流量予以單位化、小額化，由該機構發行受益證券，向投資人銷售之過

程。通常為了降低證券的風險，可再利用信用增強（Credit Enhancement）的機制，使成為不同等級的證券商品，再予以出售。有關金融資產證券化發行架構，請詳見圖 7-2 的說明。

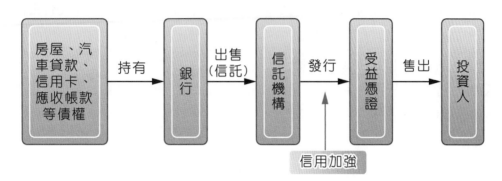

圖 7-2 金融資產證券化發行架構圖

此證券化行為，乃銀行將各種放款資產，轉化為流動性的證券發行，並售予投資人。此可提高銀行資產流動性與增加融資的管道，亦使投資人增加投資的管道。通常此類的商品，又依是否與「房貸或不動產」的債權有關，又可分成資產擔保證券（ABS）、抵押擔保證券（MBS）這兩種類型：

1. **資產擔保證券**：資產擔保證券（Asset Backed Securities, ABS）是以非房貸或不動產相關債權為主，所發行的受益證券[1]。如：汽車貸款債權、信用卡債權、企業應收帳款債權或其他債權等。通常 ABS 的發行者為「商業銀行」業者為主，其運作方式乃商業銀行將其底下非房貸或不動產的相關債權，包裝成證券的方式去發行。其發行目的在於取得自有資本適足率的好處、以及信用風險移轉或籌資。

    另外，此類證券的發行業者，若以「投資銀行」業者 (如：證券商) 為主，則此證券被稱為「擔保債權證券」（Collateralized Debt Obligation, CDO）。其運作方式乃投資銀行去市場買進一些非房貸或不動產的相關債權之後，再重新包裝發行證券。其主要的目的在於套利。

    所以上述的 ABS 與 CDO 的主要差別，在於「發行對象」與「發行動機」的不同。關於此兩類證券，若都以「企業貸款或債權」在市場上發行，又有兩種延伸產品。分別如下：

1　此類證券亦可以利用短期票券方式來循環發行，稱為「資產基礎商業本票」（Asset-Backed Commercial Paper, ABCP）。基本上，ABCP 是企業以一些信用品質 好的資產作擔保，出售給信託機構，信託機構承諾企業可以在某段期間內，環循的發 商業本票，使企業可以獲得短期穩定的資金。

(1) 企業貸款債權擔保證券（Collateralized Loan Obligation, CLO）：發行者是商業銀行：商業銀行將本身底下的企業貸款債權包裝，所發行的受益證券。其發行目的在於提昇銀行資本適足率、移轉資產信用風險。

(2) 債券擔保證券（Collateralized Bond Obligation, CBO）：發行者是投資銀行（或券商），投資銀行去市場買進一些企業貸款債權，再重新包裝所發行的受益證券。其發行目的在於套取差價。

2. **抵押擔保證券：**抵押擔保證券（Mortgage Backed Securities, MBS）是以房貸或不動產相關債權為主，所發行的受益證券。MBS 又依照不動產的用途，可區分以下兩種類型：

(1) 商用不動產抵押貸款證券（Commercial Mortgage Backed Securities, CMBS）：主要是以「商業用不動產」為主的標的（如：辦公大樓、飯店、商場等），所發行的受益證券。

(2) 住宅用不動產抵押貸款證券（Residential Mortgage Backed Securities, RMBS）：主要是以「住宅用不動產」為主的標的（如：豪宅），所發行的受益證券。

 【例 7-1】（ABS）－汽車貸款

日盛銀行為國內首宗「汽車貸款」（Auto Loans）證券化商品的發行者，該銀行將約新台幣 45.2 億的汽車貸款資產，委託德意志銀行，發行債券。本案的第一順位債券評等高達 Aa3/AA-，發行利率為一個月期 LIBOR 加碼 60 個基本點。

 【例 7-2】（ABS）－信用卡應收貸款

國內最早發行信用卡證券化商品為建華金控，其所發行的「安信信用卡特殊目的主信託系列 2005-1 受益證券」，金額為台幣 37.6 億。債券包括優先順位受益證券，其信用評等為 Aaa，發行利率為年利率 2.5%；及中間順位受益證券，其信用評等為 Baa3，發行利率為年利率 3.0%；安信則持有無評等的次順位受益證券，做為該系列受益證券的信用增強。

【例7-3】（ABS）－現金卡應收貸款

萬泰商業銀行以喬治瑪麗現金卡的卡債為債權，發行國內首宗現金卡債的證券化商品。萬泰銀行將現金卡應收貸款，移轉給受託機構－德意志銀行。由該銀行據此發行四種新台幣計價之受益證券，分別為投資人受益證券、超額利差受益證券、次順位賣方受益證券及賣方受益證券。

 【例7-4】（ABCP）

我國第一檔 ABCP 商品，為「世平興業公司應收帳款證券化受益證券」，該證券是由臺灣工銀、法國興業銀行擔任主辦機構，受託機構為土地銀行，信用評等機構為中華信評公司，該受益證券評等為 twA2，並將由中華票券公司負責承銷。此證券化期間為 5 年；發行方式是採取循環式，30 天左右發行一次短期票券。

 【例7-5】（CLO）

臺灣首件 CLO，是由臺灣工業銀行所推出的「企業貸款債權證券化受益證券」，其資產群組是以 41 筆債信優良的企業貸款為標的，委託土地銀行，發行期限 6 年，利率 2.8% 的受益憑證。此證券分成第一順位與次順位證券，第一順位受益證券，預計全部償還期間約為三年半，將以私募方式出售給國內金融機構及少數特定投資人。次順位證券這部分，全部由臺灣工銀買回，作為本件貸款抵押證券的信用增強方式。

【例 7-6】（CBO）

國內首檔 CBO，是由群益證券將手上持有的臺灣工銀，所發行的企業貸款債權證券化（CLO3）受益證券、以及金融債與公司債部位，經過重新包裝，賣給受託機構德意志銀行，再由德意志銀行賣給承銷商。這檔 CBO 內含五種債券，依受償順位不同分為 A、B、C、D 等券；另有屬私募的次順位受益證券 E 券，由群益證自行買回，作為 A、B、C、D 等優先順位受益證券的信用增強之用。

二、不動產證券化

不動產證券化（Real Estate Securitization）是屬於「物權」的證券化，即不動產所有權人，將不動產信託移轉予受託機構，受託機構按不動產之資產價值、開發管理或處分之收益，作為證券化之標的基礎，同樣依每期固定之現金流量（包括開發管理或處分不動產之收益）予以單位化、小額化，由該受託機構發行受益證券，向投資人銷售之過程。有關不動產證券化發行架構，請詳見圖 7-3 的說明。

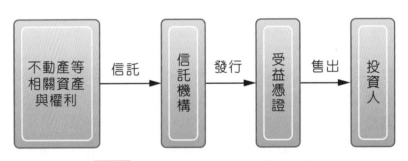

不動產等相關資產與權利　信託→　信託機構　發行→　受益憑證　售出→　投資人

圖 7-3 不動產證券化發行架構示意圖

此證券化行為，將龐大而不流通的不動產，轉化為流動性之證券發行，再售予投資人。此證券化結合不動產市場和資本市場的特性，加強其變現性與流通性，透過金融手段解決不動產流通性的問題。目前國內不動產證券化制度，可分為「不動產資產信託」與「不動產投資信託」兩種制度。以下將介紹之：

（一）不動產資產信託證券

不動產資產信託（Real Estate Asset Trusts, REAT）是先將不動產所有權人之不動產相關權利，移轉予受託機構；再由受託機構以受益憑證方式，公開或私募資

金，受託機構將所募集的錢，再轉交給不動產所有人。所以不動產資產信託的運作方式，是先有不動產的標的，再去找資金來投資。

通常 REAT 的受益憑證，是將不動產切割成「債券」，以債券的方式賣給投資人。REAT 通常由證券化的發行機構（受託機構），將不動產所產生的租金或開發的收入之現金流量，轉化成每期債息支付給投資人；並負責到期還本之事務。

（二）不動產投資信託證券

不動產投資信託證券（Real Estate Investment Trusts, REITs）是受託機構以公開募集或私募方式，先發行受益證券（基金型式），以先募集資金後，再將資金投資不動產等相關權利。所以不動產投資信託的運作方式，是先去找資金，再來找不動產投資。

通常 REITs 主要以「封閉型基金」的方式發行，基金募集完成後，將在集中市場交易。REITs 除有固定配息外，也可享有資產價值波動的資本利得。

 【例 7-7】 （REAT）－住宅用不動產抵押貸款證券

臺灣首件住宅用不動產抵押貸款證券，由德意志銀行推出第一銀行房屋抵押貸款證券，第一銀行將名下 2,000 多筆房貸出售給德意志銀行台北分行，第一銀行是創始機構，德意志銀行是特殊受託機構（SPV）。

這檔 REAT，分成 A、B、C 三種主順位債券與次順位 D 債券。A 券信用評等 twAAA，票面利率為 ARMs（一銀房貸指數利率）加 0.25%，加權平均年限 2 年；B 券信用評等 twAA，票面利率為 ARMs 加 0.55%，加權平均年限 6.12 年；C 券信用評等 twA，票面利率為 ARMs 加 0.65%，加權平均年限 7.29 年；D 券由一銀自己買下當作房貸戶繳不出本息的違約準備金。

A、B、C 三種債券的主要差別，是債權優先償還順序，一但房貸戶提前償還房貸，所以 A 券投資人最先受影響，可能要面臨提早被贖回的風險。

【例 7-8】（REAT）-商用不動產抵押貸款證券

臺灣首宗商用不動產抵押貸款證券，是由嘉新國際股份有限公司將其所擁有之萬國商業大樓部分，信託移轉予台北國際商業銀行，以該信託財產為基礎，所發行的不動產資產信託受益證券，並分優先順位與次順位受益證券。優先順位受益證券分為 A、B兩券，A 受償順位優於 B，並分別取得穆迪信用評等公司評級 Aaa、A3；次順位受益證券，無信用評等，由嘉新國際股份有限公司持有，不得轉讓，用以增強信用。

【例 7-9】（REITs）

臺灣首檔 REITs 是由富邦金控，於證交所掛牌上市的「富邦 1 號」，富邦集團係以座落於台北市精華商圈之富邦人壽大樓、富邦中山大樓、天母富邦大樓、以及潤泰中崙大樓等四棟優質不動產為投資標的。此 REITs 的受託機構土地銀行，信用評等機構為穆迪與中華信評公司。

金融大視界

REITs 資產翻漲市場派清算變現

資料來源：節錄自自由時報 2021/04/13

臺灣 REITs（不動產投資信託）發展逾 15 年，初期有八檔掛牌，10 年前陸續清算三檔，「元老級」僅剩五檔，其資產淨價值與當初發行總額，至少都有 6 成以上增值幅度，新光 R1 更高達 1.2 倍，當增值效益無法反映在股價，就讓「市場派」有機可乘，只要默默吞下關鍵股數後發動清算，就可快速變現、賺了就跑。

市場派看中「元老級」REITs 在 15 年歷經兩波房市大多頭，資產價值翻漲 6 成到 1 倍多，而 REITs 主要收入僅是租金收益，15 年來僅 2 成出頭，直接清算不僅可快速變現、且獲利空間遠大於不到 3% 年租金漲幅。

　　但壽險金控是有苦難言，當初配合「政策」發行，主管機關卻限制壽險業者投資單檔 REITs 不能超過基金淨值的 10%，得靠同業「盟友協防」，來防禦市場派糾眾衝破三分之二的清算門檻。

　　此外，僅能由銀行（信託業）擔任受託機構，但受託機構未必具有不動產管理專業，多採保守經營；若要提高收益率，例如：都更等，也難以通過受託機構許可，且認列方式保守，造成基金淨值與市價有一定的落差。

《解說》

　　由於近年來的房地產上漲，並沒有使 10 幾年前所發行的 REITs，其淨值有太大的增幅，因此實際價值被低估。因此市場派覬覦變現後的價值，於是紛紛獵殺 REITs，只要能取得管理權，就可將它清算變現獲取利益。

7-2 指數證券化商品

　　所謂的指數證券型商品是乃是將指數予以「證券化」，並於交易所掛牌交易的商品，也就是「交易所交易商品」（Exchange Traded Product, ETP）。此處本文介紹兩種 ETP 商品，一種是由「投信」所發行的「指數證券型基金」（ETF），另一種為「證券商」所發行的「指數投資證券」（ETN）。

一、指數證券型基金

　　指數證券型基金，亦稱為「交易所交易基金」（Exchange Traded Funds, ETF），其乃是一種將指數予以「證券化」的基金商品。所謂指數證券型基金，乃投信公司在市場上先尋找某一籃子股票組成某種股價指數，當作所要追蹤的依據，然後發行受益憑證，提供投資人間接投資，其投資績效就是追蹤之前所設定的股價指數報酬。當追蹤指數內的成分股標的股票或權重發生改變時，則 ETF 內的投資組合內容與權重也必須跟著調整，以符合「被動式管理」之目的。

通常此種受益憑證，須在交易所以「封閉型基金」的型態掛牌上市，依據市價進行買賣。ETF 最大特色乃提供投資人類似「開放型基金」，可隨時進行實物或現金「申購與贖回」的機制，所以規模不固定。ETF 亦提供如同股票交易一般的信用交易制度。所以 ETF 是一種兼具「封閉型基金」、「開放型基金」、「股票」的指數證券化金融商品。

通常 ETF 的發行種類，可以依據是否持有實物現貨、發行人的不同以及所要追蹤的資產種類不同，可區分為以下幾種類型。

（一）依持有實物與否區分

ETF 其所要追蹤的指數報酬，投信可以利用下列兩種方式去追蹤模擬建構出來，其一為直接去購買現貨的「現貨型 ETF」；另一為利用衍生性商品去模擬的「合成型 ETF」。

1. 現貨型

現貨型 ETF 是將資金直接投資於標的指數之成分股，以完全複製[2]（買所有成分股）或代表性樣本複製[3]（買進部分代表性成分股）兩種方式，來追蹤指數表現。此外，現貨型 ETF，若依是否須隨時調整指數成分股，又可分為以下兩種型式：

(1) 追蹤型

當追蹤指數的成分股或權重變動時，經理人也要適時的調整 ETF 的成分股的內容。通常此調整是定期（如：每季）進行，不像一般型基金那樣時常變動。例如：國內上市的「臺灣 50ETF」就是如此。

(2) 包裹型

當追蹤指數的成分股包裹完成，就不會更動任何成分股，所以經理人無需再進行調整。通常此類 ETF，大都以某一特定產業為主；若當成分股發生企業併購時，被併消滅公司就會從一籃子組合中剔除，此時成分股就會變少，但也不會再新加入成分股進去。

2. 合成型

合成型 ETF 乃資金不直接投資於指數成份股，而是運用各種衍生性金融商品（如：期貨、選擇權等）來複製或模擬指數的報酬，以追蹤指數表現。通常此種 ETF 不能進行實物申購與贖回的機制，僅能進行現金申購與贖回。

2　國內發行的現貨 ETF 中，採取完全複製成分股，如：「臺灣 50」、「中型 100」等多檔 ETF。
3　國內發行的現貨 ETF 中，採取代表性樣本複製成分股，如：「寶電子」等多檔 ETF。

（二）依發行人區分

ETF 依發行人區分，可分為境內型與境外型兩種。

1. 境內型

ETF 的發行人為國內的發行機構。通常在國內發行的 ETF，又依發行標的成份來自國內或國外，分為國內成分證券型與國外成分證券型兩種。

(1) 國內成分證券

此類型乃發行以國內指數為成分股的 ETF。例如：國內上市的「臺灣 50」、「中型 100」等 ETF。

(2) 國外成分證券

此類型乃發行以國外指數為成分股的 ETF。通常此類型又可分為以下兩種型式：

① 國外成分股

此類型乃在國內發行一檔 ETF，其將資金投資國外某些指數成分證券的現股。例如：國內上市的「FB 上證」、「元上證」等 ETF。

② 國外連結式

此類型乃在國內發行一檔 ETF，其將大部分資金投資國外某檔 ETF，少部分資金投資於衍生性商品或現金，並將這些投資標的重新包裝成 ETF 於國內上市交易。但此連結式 ETF，其將資金投資多少比例至國外某檔 ETF，由發行機構決定，所以連結式 ETF 的績效與原投資國外某檔 ETF 的績效，可能不盡相同。例如：國內上市的「寶滬深」ETF。

2. 境外型

ETF 的發行人為國外的發行機構。通常國外發行機構將已在國外上市的 ETF，經由國內代理人引進，直接跨境在國內上市交易，所以此 ETF 屬於原裝進口，國內為其第二上市交易地。目前國際上跨境上市多採此種方式。

此外，若境外第一上市地的每單位 ETF 掛牌價格，不一定能符合國內投資人交易習慣，因此境外型在國內上市，通常不限定每張為 1,000 的單位。例如：國內曾經發行過的「恒中國」ETF 交易單位為 200 單位、「恒香港」ETF 交易單位為 100 單位、「上證 50」ETF 交易單位為 100 單位。

（三）依資產種類區分

ETF 依資產種類區分，大致可分為以下四種類型：

1. 股票型

股票型 ETF 其資產標的為全球主要的股票市場，包括：全球跨區域、區域型及單一國家的股票指數 ETF；或以產業類別區分的金融、科技、房地產、航運等各種產業股票指數 ETF。

2. 債券型

債券型 ETF 其資產標的為各類債券，包括：各國政府公債、新興市場債、公司高收益債、資產抵押債、可轉債、通膨指數債等債券指數 ETF。

3. 匯率型

匯率型 ETF 其資產標的為全球各國的貨幣，包括：連結「單一貨幣」，如：美元、英鎊、歐元、日圓、紐幣、人民幣等貨幣 ETF；以及連結「一籃子貨幣」。通常匯率型 ETF 大都以外匯期貨持有居多，而非持有真實貨幣。

4. 商品型

商品型 ETF 其資產標的商品原物料市場，包括：原油、黃金、白銀、基本金屬、貴金屬、農產品等原物料商品 ETF。通常商品型 ETF 的標的都是期貨商品，而非現貨商品。

（四）其他型式

1. 槓桿型

槓桿型 ETF 的漲跌幅乃追蹤標的指數的倍數。如：追蹤標的指數 2 倍的 ETF，當追蹤標的指數漲 5% 時，則該 ETF 會漲 10%。

2. 反向型

反向型 ETF 的漲跌幅乃與追蹤標的指數呈反向變動。如：追蹤標的指數反向 1 倍的 ETF，當追蹤標的指數漲 2% 時，則該 ETF 會跌 2%。

3. 智慧型

智慧型 ETF 基金經理人的選股，仍依據要追蹤的指數內的成分股，但其配股並不完全採取權重，而是採取機動調整。例如：現在可選取的成分股中，哪些現在是較具題材性或潛力性，就給予這些成分股較高的權重，採取較機動性的選股策略，所以此類型的 ETF 被稱為「智慧型（Smart Beta）ETF」。因此類型 ETF 的操作模式，結合傳統被動型以及主動投資選股的優勢，所以為投資人提供更靈活的操作策略。

金融大視界

全球 ETF 基金資產總額首度超越指數型共同基金

資料來源：節錄自自由時報 2021/05/10

據投資企業協會（ICI）的數據顯示，去年底 ETF 資產總額為 7.71 兆美元，只比指數型基金資產總額 7.76 億美元略低；但 2021 年以來由於大量資金湧入 ETF，因此 ETF 可能已超過指數基金。據 ETFGI 顧問公司計算，截至今年 3 月底止 ETF 的資產總額已達到 8.33 兆美元。

指數型基金的作法是在每天市場收盤後，才接受入資及贖回；ETF 則像股票一樣，投資人隨時都可以買賣。ETF 資產超越指數型基金，顯示投資人正在重新塑造投資產業。

美國 ETF 的勢頭尤其強勁，因為投資 ETF 能享受較低的稅負。ICI 指出，2021 年 3 月底美國 ETF 資產總額為 5.58 兆美元，而傳統指數型基金為 5 兆美元，主動型基金資產總額約 15 兆美元。ETF 的數量也遠超過指數型基金。去年底時全球有 6,725 支 ETF，指數型基金僅有 3,196 支。

一些投資專家擔心 ETF 熱絡，可能使投資人交易過度頻繁，反而可能損及報酬率，且使市場震盪加劇。但支持者強調 ETF 的操作彈性高，比傳統基金更安全。

解說

自從 ETF 在 1993 年推出後，逐受到投資人的青睞。2021 年 ETF 的資產規模終於超越開放型的指數基金，顯示投資人正在重新塑造基金產業。但也有專家擔心 ETF 太過熱絡，可能使投資人交易過度頻繁，反而可能損及報酬率，且使市場震盪加劇。

二、指數投資證券

所謂的指數投資證券，亦稱為「交易所交易證券」（Exchange Traded Note, ETN），乃由「證券商」所發行的一種追蹤且連結某些指數報酬，且具到期日的有價證券。基本上，ETN 跟 ETF 兩者有些神似，但 ETF 是基金的形式，ETN 卻不是，兩者仍存在許多差異。

基本上，ETN 與 ETF 具有共同的特點，它們都是在集中市場以市價進行交易，且都以追蹤某些資產的指數報酬績效為目的，並都具有申贖機制。但兩者仍存在著許多差異，以下將說明 ETN 與 ETF 主要差別的特性。

（一）不持有追蹤資產

ETF 的發行單位須將投資人所交付的資金，買進欲追蹤指數的相關有價證券。但證券商在發行 ETN 時，投資人所交付的資金，並沒有強制規定如同 ETF 必須要去持有指數成分股或相關的有價證券。所以發行 ETN 的證券商，可不必持有 ETN 所追縱連結指數的任何資產。

（二）僅可現金申贖

ETN 與 ETF 都具有隨時申購與贖回的機制，其目的乃希望能夠讓市價與淨值的則溢價幅度縮小。基本上，有些現貨型的 ETF，若要進行申贖機制，必須採取實物申購與贖回；合成型的 ETF，則可利用現金申贖機制。但 ETN 因不必持有任何追蹤資產，所以投資人要進行申贖時，僅提供現金申贖機制。

（三）沒有追蹤誤差

ETN 與 ETF 都以追蹤某些資產的指數報酬績效為目的。ETF 必須持有追蹤指數相關的有價證券，所以投信在進行換股、換倉的動作時，會有摩擦成本，也會有匯率上買賣的價差成本，因此會出現些許的追蹤誤差。但 ETN 並不持有任何追蹤資產，績效報酬完全取決於證券商發行時，對投資人的承諾，所以證券商只要承諾到期時，給予投資人追蹤指數完全相同的報酬。因此理論上，並不存在追蹤誤差。

（四）到期結算績效

ETF 一旦發行後，只要發行單位不進行清算，ETF 會永續的在市場交易，並沒有到期的問題。但 ETN 在發行時，通常會載明到期日，且證券商會承諾 ETN

到期時，將以其追蹤指數的報酬進行結算。例如：某一 ETN 連結臺灣加權股價指數，若發行時，臺灣加權股價指數為 10,000 點，ETN 發行市價為每單位 10 元；若 ETN 到期時，臺灣加權股價指數漲 10% 為 11,000 點，則證券商須以每單位 11 元向投資人買回。

（五）強制提前贖回

由於證券商發行 ETN 是有設定到期日。若 ETN 所連結的指數，在到期日前出現大漲，可能會對發行券商產生利益的壓縮，此時證券商可會設定一個價位（如：發行價的 150%，「天花板價」），將 ETN 提前贖回。若 ETN 所連結的指數，在到期日前出現大跌，讓 ETN 的價格（如：發行價的 10%，「地板價」）已低於下市標準，此時證券商可能將 ETN 提前贖回。至於國內發行的 ETF，則沒有強制提前贖回的限制。

（六）具發行人風險

發行 ETF 的投信會將投資人的資金購買指數成分股、或相關的有價證券，所以投資人的投資損益，主要取決於 ETF 的投資標的。但發行 ETN 的證券商，須承諾投資人在 ETN 到期時，給予追蹤指數的報酬，所以投資人除了承擔追蹤指數漲跌的風險外，仍須承擔發行機構的信用風險，因此投資 ETN 前，應須瞭解發行機構的信用與財務狀況。

表 7-1 ETN 與 ETF 的異同比較

		ETN	ETF
相同處	集中市場交易	是	是
	追蹤指數績效	是	是
	折溢價情形	有	有
	流動性風險	有	有
相異處	持有追蹤指數成分資產	不一定要	需要
	申贖機制	現金	實物／現金
	追蹤誤差	無	有
	分配收益	無	部分 ETF 有
	到期期限	有	無
	強制提前贖回	有	無
	發行人信用風險	有（券商發行）	無（投信發行）

金融大視界

從開放外資投資　看 ETN 優勢

資料來源：節錄自自由時報 2021/04/09

　　國內主管機關宣布，自 2021 年 3 月 31 日起開放外資（含境外華僑及外國人在內）可投資指數投資證券（ETN），但不包括指標價值計算方法含有新臺幣匯率的 ETN 標的。政策宣布以來，不少 ETN 發行券商都接到外資客戶的詢問，包括 ETN 是否有追蹤誤差、資金如何運用，以及何謂含有新臺幣匯率的標的等。其實這些外資關心的議題正是 ETN 的特性，也可說是 ETN 的優勢。

　　追蹤指數的商品若出現本身報酬和指數表現有落差，就是所謂的「追蹤誤差」，原因可能來自成份股買不到位、買賣股票成本太高等，而「無追蹤誤差」正是 ETN 最大的優勢之一。ETN 是承諾在到期時付給投資人等同於追蹤指數的報酬（需扣掉投資手續費），換句話說，券商避險過程的誤差以及成本都不會反映在 ETN 的淨值裡，因此投資人如果看上的是夢幻指數的行情，理論上買進 ETN 更能完整追蹤。

　　另外，券商是否實際持有股票也是投資人的一大疑問。事實上每家發行券商都會在公開說明書載明避險方式，也就是有沒有買股票，怎麼買，除了股票還買什麼。查詢市場發行較積極的券商公開說明書，多以在外流通金額門檻作為買進股票部位的依據，而除了股票，亦可買進主管機關許可之與成分股高度相關的金融商品作為避險部位。

　　最後，是否含有新臺幣匯率也是這波開放裡外資最關切的，更是 ETN 設計上的另一個顯著優點。簡單來說，目前市場上多數連結國外股票的 ETN 都是跟著原幣指數漲跌，（例如：統一 MSCI 美國資訊科技指數即為美元指數），而不用轉換成以台幣計價的表現，因此無論台幣漲或跌，都不影響 ETN 的淨值。

解說

國內最近開放外資可以投資 ETN，讓其擁有無追蹤誤差的特性受到重視。由於 ETN 可與追蹤指數幾乎同步漲跌，確實可以當作較完美的避險工具，因此受到外資許多關切。

7-3 股權證券化商品

股權證券化商品，乃將股票透過信託機構，將原先的股票轉變成表彰原股的受益憑證。以下將介紹兩種股權相關的證券化商品。

一、存託憑證

存託憑證（Depository Receipt, DR）是指發行公司提供一定數額的股票寄於發行公司所在地的保管機構（銀行），而後委託外國的一家存託機構（銀行）代為發行表彰該公司股份權利憑證，使其股票能在國外流通發行，以供證券市場上買賣。亦即國外的上市公司，其公司股票不能在國外市場直接買賣，而是以存託憑證的方式，來表彰其公司的權利憑證，以供國外的投資人，亦可參與其他國家績優股票上市公司的成長成果。有關存託憑證的發行示意圖，請詳見圖 7-4。

通常發行存託憑證的公司，是將發行國已上市的股票，提撥部分股票至國外申請第二次上市。通常存託憑證依據發行地不同，可分為下列幾種種類。

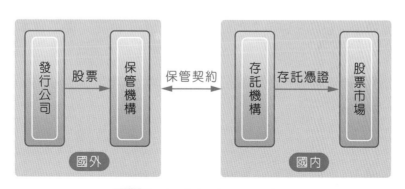

圖 7-4 存託憑證的發行示意圖

1. **美國存託憑證（American DR, ADR）**：是指在美國的證券市場，所發行的憑證。

2. **歐洲存託憑證（European DR, EDR）**：是指在歐盟地區的證券市場，所發行的憑證。

3. **日本存託憑證（Japan DR, JDR）**：是指在日本的證券市場，所發行的憑證。

4. **新加坡存託憑證（Singapore DR, SDR）**：是指在新加坡的證券市場，所發行的憑證。

5. **臺灣存託憑證（Taiwan DR, TDR）**：是指在臺灣的證券市場，所發行的憑證。

6. **全球存託憑證（Global DR, GDR）**：是指在全球的證券市場（通常在歐洲的盧森堡），所發行的憑證。

二、Primes & Scores

　　通常投資股票，不外乎獲取股利收益與資本利得收益。公司為了不同投資人的特別需求，將此兩種股票利得，分拆成兩種證券化商品，其一為「固定權益收入優先權證」（Prescribed Right to Income and Maximum Equity, Primes）；另一為「剩餘權益特別請求權證」（Special Claim on Residual Equity, Scores）。

1. **Primes**：投資人可擁有當公司股價，在某一設定價格（終值價）內時，除了享有公司股利的優先分配權外，並獲取 Primes 到期時，當時股價與設定價格之間的資本利得收益。

2. **Scores**：投資人則擁有到期時，股價超過期初所設定的終值價之間的剩餘資本利得收益。所以 Scores，具有認股權證的特性。

 【例 7-10】（Primes & Scores）

假設有家公司現在股價為 40 元，將股票分拆成 Primes 與 Scores 兩種證券化商品，期間為 3 年，並設定 3 年後的股價終值價為 50 元。所以 Primes 投資人擁有公司 3 年內的公司所發放的現金股利、以及到期時，公司股價與 40 元之間的資本利得。Scores 投資人則擁有 3 年後，公司股價超過 50 元以後的資本利得收益。

以下將討論當 3 年後到期時，股價為分別為 45 元與 55 元兩種情形，Primes 與 Scores 所擁有的權利與收益。

1. 當股價為 45 元。Primes 的投資人，則擁有公司 3 年內的現金股利、以及 5 元（45-40）的資本利得收益；Scores 的投資人，因公司股價未達 50 元的設定價，所以將一無所有。

2. 當股價為 55 元。Primes 的投資人，則擁有公司 3 年內的現金股利、以及最高 10 元（50-40）的資本利得收益；Scores 的投資人，因公司股價已達 50 元的設定價，所以有 5 元（55-50）的剩餘資本利得收益。

7-4 其他證券化商品

　　大部分被證券化的商品都是以有形的資產，如：不動產、債權、股權等為主；但無形資產，如：智慧財產權、名人的身價等，亦可拿來當作標的物。以下將介紹這兩類無形資產的證券化。

一、智慧財產權證券化

　　智慧財產權（Intellectual Property Rights, IPR），屬於無形資產，例如：商標權、著作權、專利權等。這些智慧財產權都是具法律規範保障的對象，具有一定的價值。所以亦可將之證券化後，發行股票，藉以成為籌資工具。

二、身價證券化

　　有些運動選手、或者是影視歌明星的身價非凡，其經紀公司會將這些人的身價予以證券化，以發行代表這個選手或明星身價的相關證券，藉以籌集資金。當這些選手或明星的收入或知名度愈來愈高時，身價上漲，其所發行的相關證券，也隨之看漲；反之，則看跌。

金融大視界

搖滾企業家大衛鮑伊 把專輯證券化 華爾街按讚

圖文資料來源：摘錄自工商時報 2016/01/14

英國搖滾巨星大衛鮑伊（David Bowie）近日癌症病逝，大衛鮑伊是英國搖滾音樂家、詞曲創作人、唱片製作人和演員，更是一名有前瞻遠見的企業家。大衛鮑伊也是搖滾樂界的理財達人，被紐約時報稱為 21 世紀企業家，他成立唱片公司 Iso，掌握自己的音樂版權，最大膽的金融實驗是在 1997 年推出「鮑伊債券」（Bowie Bonds），將他熱門的音樂專輯轉化成證券

供投資者購買，以他未來 10 年音樂版稅做擔保，包括 1990 年之前錄製的所有歌曲版稅，給投資者 7.9% 的利率。

當時，Moody's 穆迪投資者服務給其 A3 評級，美國保誠保險公司買下整個債券，這位搖滾傳奇人物從這個債券籌得 5,500 萬美元。此概念和做法被幾個其他藝人效法，但在 Napster 時代音樂銷售全面下降，這種投資變不穩定，鮑伊很早就預言，10 年內音樂市場將改變，著作權和智慧財產權將受網路衝擊。鮑伊在近 20 年前將智慧財產權轉成資金的方法，被不少金融專家讚嘆，他真正懂得智慧財產權的價值。

解說

通常可被證券化的商品，除了常見的實體資產、債權、股權外，無形資產亦可被當成被證券化的標的物。英國搖滾巨星大衛鮑伊，就把他創作歌曲的智慧財產權，拿來證券化，發行相關證券。此將無形智慧財產權轉化成有形的證券，以供交易籌資所用。

金融 **FOCUS**

CDO 企業債權證券化；房貸金融工程金融商品

https://www.youtube.com/watch?v=I-o61gPVsvQ

2007 年美國發生次級房貸危機事件的禍首，就是「資產證券化商品」。其中 CDO 商品的結構設計，如同千層派的複雜，一般人較難理解。

國泰 REITs 中華大樓 擬都更創國內首例

https://www.youtube.com/watch?v=O45MH1oAqqM&spfreload=10

REITs 為「不動產證券化商品」，國泰 REITs 所持有的中華大樓，因老舊，所以大股東打算以都更方式，以提高租金受益，但投資人認為直接出售較有利。

臺灣 ETF 也能買黃金、石油

https://www.youtube.com/watch?v=q7waShnLY6s

國內 ETF 的發行市場，愈來愈火熱，除了發行多檔的陸股 ETF 外，近期也發行連結黃金與元油的 ETF，讓投資人多了一個投資新選擇。

1. 請問資產證券化可分為哪兩種型式？

2. 請問 ABS 與 MBS 有何差異？

3. 請問 CLO 與 CBO 的發行者各為何者？

4. 請問不動產證券化，若依債券或基金型式發行，各稱為什麼？

5. 請問 ETF 依持有實物與否可區分哪兩種類型？

6. 何謂 Smart Beta ETF？

7. 請問存託憑證為何種商品的證券化？

8. 假設 A 公司現在股價為 50 元，將股票分拆成 Primes 與 Scores 兩種證券化商品，期間為 2 年，並設定 2 年後的股價終值價為 60 元。請問 3 年後，股價為 80 元，則 Primes 與 Scores 投資人可各得多少資本利得？

Part 3
金融創新模式篇

　　近代的金融創新發展，大致在「金融商品」與「金融模式」，這兩方面上進行著墨。上兩篇主要介紹各種基礎商品與衍生性商品，本篇除了要介紹投資人，如何利用這些金融商品進行「創新操作」外；另一重點就是近年來，全球刮起的「金融科技」熱潮，所帶來的「創新營運」模式之介紹。本篇包含二大章，其內容為學習金融創新課程的必備知識。

CH8　金融創新操作模式

CH9　金融創新營運模式

CHAPTER 8

金融創新操作模式

本章內容為金融創新操作模式，主要介紹保本操作、套利操作與其他特殊操作模式，其內容詳見下表。

節次	節名	主要內容
8-1	保本操作模式	介紹兩種保本操作模式。
8-2	套利操作模式	介紹貨幣、資本、外匯與衍生性金融商品等市場的套利操作模式。
8-3	其他特殊操作模式	介紹幾種特殊的操作模式。

本章導讀

本章將運用之前幾章所學習到的金融商品，進行幾種常見的金融操作，其操作的目的不外乎保本、套利、避險、增加投資收益或促進資產流動性等等。以下將針對保本、套利以及其他特殊的操作模式進行介紹。

8-1 保本操作模式

通常保本的操作乃是投資人利用各種金融工具的搭配，建構一個能夠保護原始本金，且又能隨著市場成長而獲利的投資組合。通常此種操作常見於保本型基金、投資型外幣存款、或保本型債券等商品上。此種投資策略大致有以下兩種策略。

一、固定比例投資組合保險策略

「固定比例投資組合保險策略」（Constant Proportion Portfolio Insurance, CPPI）就是經理人將保留一固定比例資金投資於無風險資產（如：債券）上，再將少部分資金投資於風險資產（如：股票）；且根據整個投資組合價值的變化，動態調整風險資產和無風險資產的投資比例。

當市場行情上漲時，整個投資組合價值增加，於是投資於風險資產的比例就提高，以獲取更大的獲利空間；反之，當市場行情下跌時，整個投資組合價值減少，於是投資於風險資產的比例就減少，以降低損失的機會，並須設定好損失程度，以避免損失本金。

CPPI 投資策略，通常會先設定一個投資組合價值的底限（Floor），隨後再設定投資於風險資產的槓桿乘數（Multiplier），以決定期初投資於風險資產（Exposure）的部位；隨後再根據投資組合的價值變化，機動的調整風險資產比例，並嚴格管控部位風險，以免觸及投資組合價值的底限。有關 CPPI 投資策略的風險資產的投資部位，可由下式 8-1 表示之。

$$E_t = Min\left[M \times (A_t - F), A_0\right] \tag{8-1}$$

E_t：在 t 期時，風險資產部位

M：槓桿乘數

A_t：在 t 期時，基金的價值

F：基金設定價值底限

A_0：基金期初價值

以下我們舉一例子來說明之。假設某基金經理人，操作一檔旗下擁有 100 億元資金的基金，若將此基金採 CPPI 投資策略，將基金設定價值底限為 95 億元，且槓桿乘數為 3。該基金可投入的風險資產為 15 億元 [3×(100 － 95)]，所以該基金期初將投入 85 億元（100 － 15）於無風險資產。

若經過一段期間後，基金的價值已經上漲至 110 億元，則風險資產可增加至 45 億元 [3×(110 － 95)]，無風險資產則降為 65 億元（110 － 45）。若基金的價值已經降至 95 億元，已觸及基金設定價值底限，則風險資產部位降為零，將所有資金都投入至無風險資產。

由上述範例得知：CPPI 投資策略可在保護固定金額的資產下，又兼顧行情上漲帶來的獲利，並在行情不佳時又有停損機制。但採此策略的缺點：若一開始投資就遇到行情不佳，可能就觸及價值底限，將迫使所有資金投入無風險資產，未來將無法進行操作與獲利。此外，CPPI 為了達到準確的保本目的，必須在風險資產與無風險資產之間，不斷的轉換調整，交易成本是否會有侵蝕獲利也是須考慮的重點。

二、時間不變投資組合保護策略

「時間不變投資組合保護策略」（Time Invariant Portfolio Protection, TIPP）與上述的「固定比例投資組合保險策略」的操作目的大致一致。都是經理人將保留一固定比例資金投資於無風險資產（如：債券）上，再將少部分資金投資於風險資產（如：股票）；且根據整個投資組合價值的變化，動態調整風險資產和無風險資產的投資比例。

但兩者唯一的差別，就是價值底限的設定與調整。CPPI 的底限價值雖是一個固定金額，但隨著時間與投資組合的變動，底限價值占投資組合價值的比例會變動；但 TIPP 的底限價值占投資組合價值的比例，當投資組合價值增加時，底限價值亦隨調高；但投資組合價值減少時，底限價值則維持原來水準，不再調整。有關 TIPP 投資策略的其風險資產的投資部位、與基金的價值底限，可分別由式 8-2 與 8-3 表示之。

$$E_{t+1} = M \times (A_t - F_{t+1}) \tag{8-2}$$

$$F_{t+1} = Max(A_t \times \lambda, F_t) \tag{8-3}$$

E_{t+1}：在 t+1 期時，風險資產部位

M：槓桿乘數

A_t：在 t 期時，基金的價值

F_{t+1}：在 t+1 期時，基金價值底限

Ft：在 t 期時，基金價值底限

λ：資產保障比例

F：基金設定價值底限

A_0：基金期初價值

　　以下我們以 CPPI 投資策略的例子，來繼續說明 TIPP 投資策略。若將此基金採 TIPP 投資策略，該基金擁有 100 億元資金，基金設定資產保障比例（λ）為 95%，則資產保障價值為 95 億元（100×95%），且槓桿乘數為 3。該基金期初可投入的風險資產為 15 億元 [3×(100-95)]，所以該基金期初將可投入 85 億元（100-15）於無風險資產。

　　若經過一段期間後，基金的價值已經上漲至 110 億元，則基金價值底限調高至 104.5 億元，則資產保障價值為 104.5 億元（110×95%），此時風險資產可投資額度調整為 16.5 億元 [3×(110-104.5)]，無風險資產則提高為 93.5 億元（110-16.5）。若又經過一段期間，基金的價值已經降至 105 億元，則基金價值底限仍為上次調整後的 104.5 億元，此時風險資產可投資額度降為 1.5 億元 [3×(105-104.5)]，無風險資產的部位則為 103.5 億元（105-1.5）。

　　由上述範例得知：TIPP 投資策略可在保護固定金額的資產下，又兼顧行情上漲帶來的獲利，且會不斷墊高價值底限，並在行情不佳時又有停損機制。但 TIPP 投資策略與 CPPI 投資策略也有相同的缺點，就是有可能一開始就遇到行情不佳，須全部資金都投入無風險資產的問題；以及風險資產與無風險資產之間，不斷的轉換調整，交易成本是否會有侵蝕獲利的問題。

　　此外，TIPP 會不斷墊高價值底限，將使投資於風險資產資金減少，所以市場行情大漲時，績效表現會不如 CPPI 投資策略；但行情不佳時，更能夠保護原來獲利，所以鎖住下檔獲利能力優於 CPPI 投資策略。

金融**大**視界

類全委保單進化　鎖利護本

圖文資料來源：節錄自自由時報 **2021/04/13**

兩種類全委保單比較

項目	控波動與下檔的類全委保單	一般類全委保單
投資組合配置	低波動標的為主	一開始設定股債投資比重範圍
投資理念	波動度不超過8%，年化報酬率5%為目標	以追求較高的投資報酬率為主要目標，須承擔較高的投資風險
下檔防護機制	投資帳戶淨值自歷史高點下跌達15%，即轉為現金類資產	無
提減撥回機制	無	主要介於3~8%

資料來源：採訪整理、法巴人壽　　　陳怡慈／製表　　　經濟日報

　　投信業者指出，訴求專家操盤的類全委保單雖占投資型保單不小比率，國內過往發行的類全委保單，多把心思花在控制波動率。不過，2020年3月新冠肺炎疫情爆發不久，投資界驚覺，除了股票、高收益債券慘跌，就連投資等級的債券都在跌，顯示疫情來了，就算控制波動率，也沒法控制下檔保護，於是從投資策略 TIPP（時間不變性投資組合保險策略）中尋求創意。

　　TIPP 裡頭有兩條線：NAV（單位淨值）、資產的下檔防護線，當兩條線的距離擴大，意味操盤者可布建較多資金在積極性資產；相反地，兩條線的距離拉近，則應配置較多的現金類資產，因此 TIPP 可以創造隨漲抗跌的績效。

　　台新投信把下檔防護線設在，投資型保單的投資帳戶，過往最高淨值的85%，以此做為下檔防護目標，來替法國巴黎人壽的投資型保單「豐利好滿意」操盤。台新投信總經理說，這是 TIPP 鎖利保護機制首次應用在類全委保單。

　　該檔類全委保單連結的投資標的有五類：低波動的股票型基金、低波動的股票 ETF、公債 ETF、貨幣型基金、現金，當投資帳戶的淨值不斷下跌，配置在貨幣型基金與現金的比重就愈高，以控管投資風險，反之，當投資帳戶淨值不斷上漲時，股債平衡的部位會比較高，以跟進多頭行情，讓資產穩中求進。

2020 年全球受武漢肺炎的肆虐，造成金融市場動盪，造成許多資產暴跌。投信受壽險委託操作的類委託保單，其操作績效也受影響。但操作，若是利用「時間不變投資組合寶或策略」（TIPP），可使績效受到保護。

8-2 套利操作模式

通常套利交易的操作模式，是利用市場中某二種商品的價格變動，具有高度的相關性，在正常的情形下兩者存在著合理價差，當市場短期間出現異常時，使兩者價差擴大，此時可以買進相對低估之商品，同時賣出相對高估之商品，待市場回歸正常時，賺取其間的差價。

通常市場會出現異常的原因，可能是市場不完全、市場機能失調與交易制度差異等所造成。通常市場出現異常的情形是短暫的，所以投資人在進行套利交易必須要掌握時效。理論上，套利交易是鎖住兩商品的價格波動風險，去進行無風險的套利；但實務上仍必須考量商品的流動性、違約與匯兌風險、交易制度的限制、以及交易成本等問題，所以必須克服上述問題，套利交易才有進行的價值。

通常進行套利交易，至少須同時交易兩種或兩種以上的金融商品；且可能在相同或不同的金融市場同時進行。因此本文將以貨幣、資本、外匯與衍生性等四大市場為主軸，分別介紹各市場的套利模式。

一、利用貨幣市場

通常在貨幣市場進行套利的模式，主要是利用利率差異。通常會造成利率差異的原因可能來自於：長短期利率差異、或違約風險不同等因素。若要進行利率差的套利，通常需要的資金較龐大，因此貨幣市場的套利者，大都以法人為主，一般散戶較難勝任。以下本文介紹二種常見的套利方式：

（一）發行商業本票、NIF 與承作債券型基金、銀行定存的方式

當貨幣市場的短期利率處於低檔且平穩時，企業可發行低成本的商業本票（CP2）、短期票券循環信用融資工具（NIF）取得資金後，再承作收益較高的債券型基金或銀行定存，以進行套利。

【例 8-1】利用商業本票與債券型基金的套利

近年來，國內金融市場資金寬鬆，短期利率處於低檔，此時企業可於票券市場發行期限一個月期的商業本票，其發行總成本約為 1.6%，稅後發行總成本為 1.2%（1.6%×0.75），取得資金後，將資金投資稅後收益率約為 1.5% 的債券型基金，則有 0.3%（1.5% － 1.2%）的套利空間。

◎假設法人的利息支出可抵 25% 營所稅，利息收入須課 25% 營所稅。

（二）承作債券附賣回（RS）與買入商業本票

通常可利用債券市場與票券市場之間，因不同期限所產生的利率差異，進行套利。在債券市場承作公債附賣回交易（RS）取得資金後，再到票券市場買入商業本票進行套利。

【例 8-2】利用債券附賣回交易（RS）與商業本票的套利

通常持有公債的企業或金融機構，可將公債與債券交易商，承作債券附賣回交易（RS），先取得資金，再買進商業本票。假設現在公債 RS（30 天期）報價為 0.8%，（法人稅後成本 0.8×0.75=0.6%），取得資金後買入收益率 1.1% 的商業本票（採10% 的分離課稅，稅後純益 1.1%×0.9=0.99%），則可進行約 0.39%（0.99% － 0.6%）的套利價差。

◎假設法人的利息支出可抵 25% 營所稅，利息收入須課 25% 營所稅。

二、利用資本市場

　　通常資本市場的套利方式，可利用股票與存託憑證（DR）、股票與可轉換公司債（CB）以及股票與指數股票型基金（ETF）之間的價差。通常在資本市場套利者，所需要資金較貨幣市場來的少，所以一般散戶較有能力去操作。但在此市場進行套利操作，須注意有些時候股票融券須被強制回補、或已達融券上限的限制、以及操作 ETF 的套利須注意流動性，且操作 DR 或 ECB 的套利須注意匯兌風險。以下將介紹這二種常見的套利方式：

（一）利用可轉換公司債與普通股

　　通常利用可轉換債套利，是因為可轉債具有轉換成普通股的特性。若轉換價格低於普通股市價，即可買進可轉換公司債，同時放空普通股，進行套利。但在進行套利時，仍須注意可轉債的流動性，或股票是否已達融券上限時，將無法放空之限制。此外，投資人若是操作海外可轉換公司債（ECB）與普通股的套利，則必須需考量外幣兌換的匯兌風險。

 【例 8-3】利用可轉換公司債與普通股的套利

假設 A 公司所發行的可轉債，其轉換價格為 20 元，現在可轉債市價為 130 元，普通股市價為 28 元。此時可買進可轉債，同時放空普通股，進行價差套利。套利獲利情形如下分析：

1. 每一張可轉換公司債發行均以 100 元掛牌，亦即面額 10 萬元。所以一張可轉換公司債，可轉換 5,000 股的普通股（100,000/20 = 5,000 股）

2. 現在可轉債市價為 130 元，若將可轉債轉換成普通股，則轉換後市價為 26 元（130,000/5,000 = 26）。

3. 現在普通股市價為 28 元，即可買進可轉換公司債，同時放空普通股，所以有 2 元（28 - 26）的套利空間。

（二）利用 GDR 與普通股

通常進行存託憑證（DR）的套利，是利用 DR 在海外的價格，低於國內普通股的價格，即可買進 DR，放空普通股進行套利。在進行 DR 與普通股套利時，須考量匯兌風險；以及若該股票已達融券上限時，將無法放空的風險；且須注意存託憑證會有轉換凍結期，也將無法順利轉換成股票的風險。

【例 8-4】利用 GDR 與普通股之間的套利

假設 B 公司至海外發行 GDR，該 GDR 行使比例為國外：國內＝ 1：10，即 1 單位 GDR 可換 10 股的普通股，若當時美元兌台幣匯率為 32.5 元。若現在一單位 GDR 價格為 10 美元，換成成 B 公司股價為 32.5 元（10×32.5÷10 ＝ 32.5），但現在 B 公司股價為 35 元。所以此時投資人即可買進 GDR，並放空普通股，即有 2.5 元（35 － 32.5）的套利空間。

金融大視界

賭不會倒！榮化可轉債意外漲停

圖文資料來源：摘錄自自由時報 2014/08/08

2014 年 8 月，被視為高雄氣爆元凶的榮化，股價持續重挫，已連續吃下 5 根跌停，但可轉換公司債「榮化三」卻出現驚人走勢，從跌停 71.2 元價位急拉漲停並鎖死，終場以 81.9 元作收。

榮化三於 2012 年 9 月 21 日按票面金額的 100.2% 發行，張數及總額分別為 2 萬張、20 億 400 萬元，為期 3 年，至明年 9 月 21 日到期，債券將依面額 101.51% 以現金一次償還。市場人士揣測，距離榮化三到期日僅剩 1 年多的時

間，若昨天以 71.2 元跌停價位搶進，只要榮化不倒，持有到期的報酬率約可達 40%，成為買盤進駐的重要原因。

行庫債券部門主管表示，若榮化違約，無擔保的可轉債就如同壁紙，投資人除了要考慮信用風險，流動性風險同樣重要，特別是國內可轉債市場的交易量本來就小，較難一次性大筆出脫。

解說

上述介紹利用可轉債的套利，大都是利用轉換價格與現股之間價差的套利。但現在榮化公司的案例，乃因該公司被視為高雄氣爆的元兇，除了該公司股價下跌外，其發行的可轉債，也一樣被殺得很慘。若按照轉換價格與現股之間的套利，應該是沒有機會。

但因可轉債若無法轉換，到期時若公司沒有發生倒閉，須以當初約訂的價格贖回公司債。那現在可轉債價格暴跌，此時投資人買進價格僅為 71.2 元的可轉債，只要隔年可轉債到期時，公司須以依 101.51 元買回，就有近 40% 的套利空間。但最大的風險就是公司倒閉，那可轉債可能就會變成壁紙。

（二）利用 ETF 與普通股

通常進行指數股票型基金（ETF）的套利，是利用 ETF 具有實物或現金「申購與贖回」的機制。此機制是為了促使 ETF 的淨值與市價能趨於一致。在進行 ETF 與普通股套利時，須除了考量海外 ETF 的匯兌風險；以及若該股票已達融券上限時，將無法放空的風險，且須注意 ETF 的流動性以及買賣價差的風險。

通常當 ETF 市價高於淨值時，投資人可以買進一籃子股票，並同時賣出（放空）ETF，並將其所持有之一籃子股票向投信申請「實物申購」ETF，以因應同日賣出 ETF 之交割，藉此賺取價差套利。相反的，當 ETF 淨值高於市價時，投資人可以買進 ETF，並同時賣出（放空）一籃子股票，並以買進的 ETF 向投信申請「實物贖回」，以因應賣出一籃子股票的交割，藉此賺取價差套利。

【例 8-5】利用 ETF 與普通股之間的套利

假設市場某檔現貨型 ETF 的市價為 50 元，淨值為 47 元，因 ETF 市價高於淨值時，所以可進行 ETF 與普通股之間的套利。

1. 此時投資人可以買進代表該檔 ETF 的一籃子持股，其市值約 23,500,000 元（$47 \times 1000 \times 500$）。

2. 同時賣出（放空）500 張 ETF，須花費 22,500,000 元（$50 \times 1,000 \times 500 \times 0.9$），（假設國內融券成數為 9 成）。

3. 再將其所持有之一籃子股票，向投信申購 500 張 ETF，以因應同日賣出 500 張 ETF 之交割，藉可套利 1,500,000 元 [$(50-47) \times 1,000 \times 500$]

◎依據國內 ETF 的實物或現金申購贖回的機制，每次操作須 500 張。

金融大視界

30 億進場套利割韭菜　大戶 ETF 套利公式大公開

圖文資料來源：節錄自自由時報 2021/04/13

ETF基金（████TW）

| 盤中報價 | 技術分析 | 淨值表格 | 基本資料 | 配息記錄 | 分割合併 | 持股狀況 | 報酬分析 | 報酬走勢 |
| 報酬比較 | 風險報酬 | 多空報酬 | 風險分析 | 相關分析 | 資金流向 | 五力分析 | 趨勢軌跡 | 投資策略 |

ETF基金(████TW)

項目	價格	漲跌	漲跌幅(%)	最高價格(年)	最低價格(年)
市價(2020/12/10)	15.3000(台幣)	N/A	N/A	15.3000	15.3000
淨值(2020/12/10)	14.8400(台幣)	-0.2700	-1.79	15.1100	14.8400

　　近期，國內 ETF 買氣夯爆，有種國內投資人鼓動狂買當存股的奇觀，最近更有一檔奇蹟，掛牌當日大盤是下跌的，結果 ETF 反而投資人被追買到逆勢大漲，溢價超過 3%，結果就是當天有近 30 億台幣資金進到初級市場套利割韭菜。

ETF 的交易市場，分為初級市場與次級市場，兩者是同時並存的，但交易規則卻大不相同。大家比較熟悉也常在交易的是次級市場，一次交易單位 1 張，並以市值交易，交易不會影響基金規模；而以大戶或法人為主的則為初級市場，一次交易須達 500 張單位、且以淨值交易，申購贖回之交易則會影響到基金規模。

大家發現了嗎？散戶交易市值，但大戶／法人可以買到淨值，所以當 ETF 過熱而發生溢價時，就會有套利的資金進入到初級市場買相對便宜的淨值，買到後再將部位至次級市場用較高的市值賣出，一來一往即可達到絕對的套利空間！

解說

ETF 的套利策略，乃利用 ETF 的實物或現金申贖機制。當市場上，若有交易太過活絡的 ETF，常常會出現折溢價過高的情形，此時就出現可套利機會。但通常套利需耗大筆資金，所以都是資金大戶或法人，才有足夠的銀彈可進行操作。

三、利用外匯市場

在外匯市場的金融商品的套利方式，乃利用傳統遠期外匯交易（DF）與無本金交割遠期外匯交易（NDF）的換匯點報價差距。由於承作 NDF 與傳統遠期外匯（DF）的差別，在於 NDF 外不需提供交易憑證、無需本金交割，亦無交易期限限制，因此對法人而言，規避匯率變動的風險比 DF 更加的便捷。

若現在某貨幣預期將來將大幅升值（或貶值）時，通常 NDF 與 DF 的換匯點差距會擴大，此時就有套利的機會。例如：若預期人民幣將有大幅升（或貶）值時，將導致 NDF 與 DF 的換匯點報價差距變大，所以此時可進行買進（賣出）DF，同時賣出（買進）NDF，進行無風險套利。

【例 8-6】利用 DF 與 NDF 之間的套利

假設人民幣預期貶值的壓力增大,使得外匯銀行的 DF 與 NDF 換匯點報價差距過大,若現在美元兌人民幣匯率為 6.58 元,六個月期 DF 換匯點報價為 0.14 元,NDF 換匯點報價為 0.30 元。則此時投資人可買進 DF,同時賣出 NDF,進行無風險套利,若承作 100 萬美金,即可獲利 16 萬人民幣 [(0.3 − 0.14)×1,000,000 = 160,000]。

四、利用衍生性商品市場

　　一般而言,利用衍生性商品,來進行套利的方式較為多元,通常可利用現貨、指數股票型基金(ETF)、期貨、選擇權與認購(售)權證等商品相互搭配,進行套利。通常在衍生性商品市場中進行套利,須要眼明手快,因為市場可套利的時間可能很短,所以許多套利都是採取程式交易。此外,在進行套利時,還須注意現股融券是否被限制、以及追蹤誤差與匯兌風險等。以下本文介紹五種常見的套利方式:

(一)利用現貨與期貨

　　在進行現貨與期貨之間的套利,乃利用期貨價格偏離理論價格,且價差足以超過交易成本、資金成本以及模擬誤差時,才會產生套利機會。若產生正價差,代表期貨價格被高估,應放空期貨、買入現貨部位;若產生逆價差,表示期貨價格被低估,應放空現貨、買入期貨部位。待兩者價差回到正常價位,即反向的將部位平倉獲利了結。通常套利的現貨部位,可利用一籃子現股或指數股票型基金(ETF)來代替。以下本文將針對這兩種方式進行說明:

1. **利用一籃子現股與期貨**:利用一籃子現股來替代指數的現貨部位,須注意股市有平盤以下,不得放空的限制、與有些時股票融券須被強制回補、或已達融券上限的限制。且利用買入少數個股來模擬現貨指數,除了要考慮模擬誤差外;還有必須考量發生買賣時零股部分,必須捨入至以張為單位的情形,因將會導致計算的誤差。

【例 8-7】利用一籃子現股與期貨的套利

假設現在金融現貨指數與金融期貨指數，出現 27.5 點的逆價差，此時可買進 11 口價格為 902.6 的金融期貨，並融券賣出等額約 9,928,600 元（902.6×1,000×11）的 10 檔金融股現貨股票組合（與金融股現貨股價波動相關係數達 99.5%）。待金融期貨逆價差縮小至 1.1 點，此時將金融股價指數期貨平倉，且買入股票投資組合淨值為 10,000,300 元的股票，則此套利可獲利 121,450 元。其套利獲利分析如下：

1. 股票損失 9,928,600 － 10,000,300 ＝ -171,700

2. 期貨獲利（27.5-1.1）×1,000×11=290,400

3. 盈虧相底後產生（290,400 － 171,700）＝ 118,700

◎ 金融股價指數期貨合約每跳動 1 點為 1,000 元。

 【例 8-8】利用一籃子現股與期貨的套利

假設摩根台股指數期貨價格為 294.9，摩根台股指數現貨價格為 302.11，兩者出現 7.21 點的逆價差。於是投資人買入 5 口股價指數期貨價格為 294.9，同時賣出等額約 5,010,350 元（294.9×100×33.98×5）的 35 檔股票投資組合（與摩根 77 檔現貨股價波動相關係數達 99.5%），當時台幣匯率為 33.98。到期時，股價指數期貨平倉價位為 333.4，且當時台幣匯率為 33.48，且買入股票其股票投資組合淨值為 5,580,000，則套利說明如下？

1. 股票損失 5,010,350 － 5,580,000 ＝ -569,650

2. 期貨獲利 (333.4 － 294.9)×100×33.48×5 ＝ 644,490

3. 盈虧相底後產生（644,490 － 569,650）＝ 74,840

	摩根台股指數期貨	摩根台股指數現貨	大盤指數	投資組合股票價值	新台幣匯率
期初	294.9	302.11	7,375.1	5,010,350	33.98
期末	333.4	333.3	8,098.65	5,580,000	33.48

2. **利用指數型股票基金（ETF）與期貨**：利用指數股票型基金（ETF）來替代現貨部位，因爲指數型基金（ETF）來替代現貨部位比用一籃子股票來的方便許多，但利用 ETF 來替代現貨指數時，套利時必須依照期貨合約價值進行買賣，因此仍會發生零股部分，必須捨入至以張爲單位，而產生些許誤差。

【例 8-9】利用 ETF 與期貨的套利

假設現在臺灣加權指數期貨為 7,500，若大盤加權指數為 7,400，此時現貨與期貨有 100 點的正價差。投資人即可放空一口台股指期貨價位為 7,500，同時買入與期貨合約等值的臺灣 50ETF 共 1,500,000 元（200×7,500）；若當時臺灣 50ETF 市價為 50 元，則可買入約 30,000 股（1,500,000/50）。若股價指數期貨合約在到期時，當時股價指數期貨價格以 7,200 進行結算，且當日臺灣 50ETF 的市價為 48.65 元，此時即可將買入期貨平倉，賣出臺灣 50ETF，即可獲利如下表所示：

	臺灣加權指數期貨	臺灣 50ETF 股價指數型基金
期初時	賣出期貨價位為 7,500	買進 30,000 股 ETF 價位為 50 元
到期時	買進期貨價位為 7,200	賣出 30,000 股 ETF 價位為 48.65 元
部位損益	$(7,500 - 7,200) \times 200 = 60,000$	$(48.65 - 50) \times 30,000 = -40,500$
套利損益	$60,000 - 40,500 = 19,500$	

(二) 利用現貨與選擇權

　　現貨與選擇權的套利方式，可利用現股與認購（售）權證、或個股選擇權進行。選擇權又分爲買權與賣權兩種可進行操作，如下說明：

1. 當認購權證（買權）的權利金加上權證履約價格，低於權證標的物現股的價格，此時可以購買認購權證（買權）、同時放空權證標的物現股，進行套利。

2. 當認售權證的履約價格減去權證（賣權）的權利金，高於權證標的物現股的價格，此時可以購買認售權證（賣權）、同時買進權證標的物現股，進行套利。

　　此套利模式仍須注意，有些時候股票融券需被強制回補、或已達融券上限的限制、以及國內個股選擇權的流動性問題。

【例 8-10】利用股票與認購權證的套利

本例以標的物為「新光金」的某檔認購權證為例：此檔權證的履約價格為 27.8 元，行使比例為 1.0，此權證到期日，每單位價格為 3.10 元，新光金股價為 32.7 元。當時認購權證的價格加上權證履約價低於權證標的物（27.8 ＋ 3.1 ＝ 30.9<32.7）現股的價格，此時可以購買該檔權證一張，價格為 3.1 元，同時放空一張新光金現股 32.7 元。

若將來新光金股價上漲則可獲得 1.8 元的套利空間，若將來新光金股價下跌至比履約價格更低時，可獲取更多套利價差，其套利獲利說明如下：

1. 若權證到期時，新光金控上漲至 35 元，則投資人可要求權證履約，此時投資人可用成本 30.9 元 (27.8 ＋ 3.1) 的價格換取市價 35 元的新光金股票，獲得 4.1 元（35 － 30.9）的價差；但在先前放空新光金現股 32.7 元股票，以 35 元回補需損失 2.3 元（32.7 － 35）。所以兩者損益加總，仍有 1.8 元（4.1 － 2.3）的套利空間。

2. 若權證到期時，新光金下跌至 25 元，低於履約價格，則投資人會放棄權證履約，此時投資人必須損失購買權證的 3.1 元成本；但在先前放空新光金現股 32.7 元股票，以 25 元回補可獲利 7.7 元（32.7 － 25）。所以兩者損益加總仍有 4.6 元（7.7 － 3.1）的套利空間。

（三）利用期貨與期貨

通常利用期貨與期貨的套利方式，乃利用二期貨商品出現價差時，可以買進相對低估之商品，同時賣出相對高估之商品，待市場回歸正常時，賺取其間的差價。通常在利用台指與摩台指期貨之間的套利，須注意匯率波動的風險。

 【例 8-11】利用期貨與期貨的套利

本例以台指與摩台指期貨之間的套利來說明：假設某日的台指現貨為 5,736.19，6 月份台指期貨為 5,675，所以兩者產生 61.19 點的逆價差。且當日的摩根台指現貨為 258.73，6 月份摩根台指期貨為 258.8，所以兩者有 0.07 點的正價差。此時市場出現一正一負的價差，投資人可買進 4 口價值 4,540,000 元 (5,675×200×4) 的台指期貨，

同時賣出 5 口價值 4,417,716（258.8×100×34.14×5）摩根台指期貨（當日的台幣匯率為 34.14），以進行套利。套利說明如下：

1. 若期末時，台指期貨以 5,399 點進行結算，此時台指期貨共損失 220,800 元 [(5,399 − 5,675)×200×4]。

2. 若期末時，摩根台指期貨以 246.3 點獲利平倉，此時摩根台指期貨共獲利 213,125 元 [(258.8 − 246.3)×100×34.10×5]（當日的台幣匯率為 34.10）。

3. 所以，上述兩者共可套利 7,675 元（220,800 − 213,125）。

（四）利用選擇權與選擇權

　　通常利用選擇權之間的套利交易，大致都是從事買賣相同月份、但不同履約價格的交易方式。通常此類價差交易，大致可分為的垂直、蝶式或兀鷹等價差型式。通常操作此種套利模式，須注意各合約的流動性。

 【例 8-12】利用選擇權與選擇權的套利

本例以蝶式價差交易的套利來說明：假設現在 5 月份的台指買權履約價格 6,300、6,400 與 6,500 的權利金，分別為 499、443 與 342 點，因三種合約之中間履約價（6,400）的權利金的 2 倍，仍大於履約價格 6,300 與 6,500 這兩個合約權利金的加總（443×2 = 886>499 + 342）。

此時投資人可賣出 2 口履約價 6,400 的買權，同時分別各買 1 口履約價格 6,300 與 6,500 的買權，以組成蝶式套利價差交易，其套利獲利計算如下說明：

1. 若到期時，現貨指數為 6,300 點，因各買 1 口履約價格為 6,300 與 6,500 的買權，因無履約價值，所以需各損失 499 與 342 點的權利金；但因賣出 2 口履約價 6,400 的買權，也因買方無法履約，所以可獲得 443×2 = 886 點的權利金收入。故此價差，共可得到 45 點（886 − 499 − 342）的套利空間。

2. 若到期時，現貨指數為 6,400 點，賣出 2 口履約價 6,400 的買權，買方無法履約所以可獲得 443×2=886 點的權利金收入；買進 1 口履約價格 6,300 的買權，有 100 點的履約價值，但須損失 499 點的權利金，所以損失 399 點（499-100）；買進 1 口履約價格 6,500，因無履約價值，所以需損失 342 點的權利金。故此價差，共可得到 145 點（886 − 399 − 342）的套利空間。

3. 若到期時，現貨指數為 6,500 點，買進 1 口履約價格 6,300 買權，有 200 點的
   履約價值，但須損失 499 點的權利金，所以損失 299 點（499 － 200）；賣出
   2 口履約價 6,400 的買權，買方要求履約，所以需付出 200 點（2×100）的損
   失，但仍可獲得 443×2 ＝ 886 點的權利金收入，所以可獲利 686 點（886 －
   200）；買進 1 口履約價格 6,500 的買權，因無履約價值，所以需損失 342 點的
   權利金。故此價差，共可得到 45 點（686 － 299 － 342）的套利空間。

所以綜合上述，利用蝶式價差交易進行套利，最少可鎖住 45 點的價差空間，最多可
獲得 145 點的套利空間。其蝶式價差交易損益如下圖：

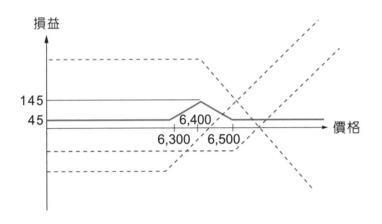

（五）利用期貨與選擇權

通常利用期貨與選擇權來進行套利，可操作選擇權的合成策略、正向（反向）
轉換策略。以下本文針對這兩種策略進行說明：

1. **合成策略**：合成策略（Synthetics）的套利方式，是投資人同時買進買權（賣權），
   且同時賣出（買進）期貨合約。

   (1) 以買權來說：若買權的價值低於買權的履約價值（期貨價值減買權履約價格），
       則可進行買進買權且同時賣出期貨，以尋求套利。

   (2) 以賣權來說：若賣權的價值低於賣權的履約價值（賣權履約價格減期貨價值），
       則可進行買進賣權且同時買進期貨，以尋求套利。

【例 8-13】利用期貨與選擇權的套利－合成策略

本例以操作賣權來說明：假設某 11 月份的小型台指期貨價格為 5,909，且當日 11 月份履約價格 6,500 的賣權，其價值為 560 點，此時賣權的價值（560）低於賣權的履約價值（賣權履約價格減期貨價值＝ 6,500 － 5,909 ＝ 591），所以買進 1 口履約價格 6,500，權利金為 560 點的賣權、且同時買進 1 口價位為 5,909 的小台指期貨，以尋求套利。其套利獲利，計算如下：

1. 若到期時，現貨指數為 5,700，買進履約價格為 6,500 的賣權，有 800 點（6,500 － 5,700）的履約價值，但須損失 560 點的權利金，所以可獲利 240 點（800-560）；買進價位 5,909 的小台指期貨，需損失 209 點（5,700 － 5,909）。故此價差，共可得到 31 點（240 － 209）的套利空間。

2. 若到期時，現貨指數為 6,500，買進履約價格為 6,500 的賣權，則無履約價值，須損失 560 點的權利金；買進價位 5,909 的小台指期貨，則有 591 點（6,500 － 5,909）的獲利。故此價差，共可得到 31 點（591 － 560）的套利空間。

3. 若到期時，現貨指數為 6,700，買進履約價格為 6,500 的賣權，則無履約價值，須損失 560 點的權利金；買進價位 5,909 的小台指數期貨，則有 791 點（6,700 － 5,909）的獲利。故此價差，共可得到 231 點（791 － 560）的套利空間。

所以綜合上述，利用買進賣權且同時買進期貨，可組合出合成的多頭買權，因賣權的價值低於賣權的履約價值，所以只要選擇權與小台指期貨到期時，若臺灣加權指數低於履約價 6,500 點，就有 31 點的套利空間；若高於履約價 6,500 點，則獲利會越多（大於 31 點）。其合成多頭買權損益如下圖：

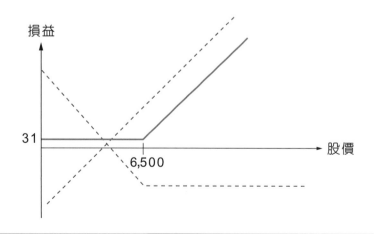

2. **轉換策略**：通常採取轉換策略的套利方式是同時買入一個賣權、賣出一個買權及買入一個期貨合約，以上三種合約的到期日皆相同，且買賣權的履約價格與期貨合約買入價格也相同。

如果投資人採此策略，當期貨合約上漲時，投資人將多頭期貨部位獲利平倉，持有的空頭買權部位，買方會要求履約，持有的多頭賣權部位，因期貨合約上漲而失去履約價值；當期貨合約下跌時，投資人將多頭期貨部位認賠平倉，持有的多頭賣權部位，投資人可以要求履約，持有的空頭買權部位，因期貨合約上漲而失去履約價值。

此種策略，不管期貨的漲跌，三種部位隨著買賣權的履約或失去履約價值而消失。利用此種套利模式須注意各合約的流動性、與買賣權的履約價格、與期貨合約買入價格最好很相近。

【例 8-14】利用期貨與選擇權的套利 - 轉換策略

本例以轉換策略的套利來說明：假設某日 4 月份的小型台股指數期貨價位 7,015，4 月份的台指選擇權履約價格 7,000 的買權，權利金為 259 點、賣權權利金為 210 點。此時投資人可同時買進 1 口履約價格 7,000 的賣權、賣出 1 口履約價格 7,000 的買權、及買入 1 口價位 7,015 小台指期貨，以組成轉換策略的套利交易，其套利獲利計算如下：

1. 若到期時，現貨指數為 6,800 點，買進履約價格 7,000 的賣權，有 200 點的履約價值，但須損失 210 點的權利金，所以損失 10 點（200 − 210）；賣出履約價 7,000 的買權，因買方無法履約，所以可獲得 259 點的權利金收入；買進價位 7,015 小型台股指數期貨，須損失 215 點（6,800 − 7,015）。故此價差，共可得到 34 點（259 − 10 − 215）的套利空間。

2. 若到期時，現貨指數為 7,000 點，買進履約價格 7,000 的賣權，因無履約價值，但須損失 210 點的權利金；賣出履約價 7,000 的買權，因買方無法履約，所以可獲得 259 點的權利金收入；買進價位 7,015 小台指期貨，需損失 15 點（7,000 − 7,015）。故此價差，共可得到 34 點（259 − 210 − 15）的套利空間。

3. 若到期時，現貨指數為 7,200 點，買進履約價格 7,000 的賣權，因無履約價值，但須損失 210 點的權利金；賣出履約價 7,000 的買權，買方要求履約所以須付出 200 點的損失，但仍可獲得 259 點的權利金收入，所以可獲利 59 點（259 － 200）；買進價位 7015 小台指期貨，可獲利 185 點（7,200 － 7,015）。故此價差，共可得到 34 點（59 ＋ 185 － 210）的套利空間。

所以綜合上述，利用轉換策略的套利方式，將來無論台股指數不論漲跌皆可獲利 34 點價差空間。其轉換策略交易損益如下圖：

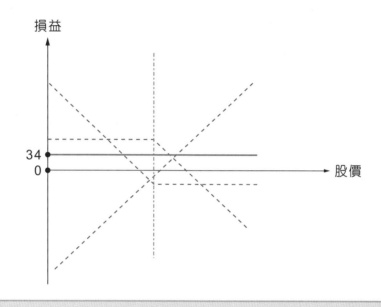

8-3 其他特殊操作模式

通常常見的幾種金融操作，除了上述的保本與套利操作之外，尚有幾種特殊的金融操作，其操作的目的乃希望增加投資收益、規避風險或促進資產流動性等等。以下將介紹幾種特殊的創新操作策略

一、分割債券

「分割債券」（Stripped Bonds），是指的就是將一張債券所需支付的利息，與本金部份按期分開，各自獨立為固定收益商品。將長期債券分割成小等份、且較短期的「零息債券」，以利於小額投資人進行投資、且增加債券商品的多樣性與促進債券的流通。

通常分割債券的操作，是將一張債券所需支付的利息，與本金部份按期分開，各自獨立為固定收益商品。分割債券乃利用零息債券的原理發行，採「貼現」的方式發行，在債券到期前並不會支付利息的，到期時則償還面額。因此，持有者所獲得的利息，就是購買分割債券的價格和所償還本金中間的差價。

例如：1 張面額 1 百萬元的 10 年期債券，票面利率 10%，每年付息一次，期間付息次數共計 10 次，加上 1 百萬本金償還，設計時可將此債券分割成 11 張零息債券，分別為 10 張面額 10 萬元，期限各為 1 至 10 年、以及 1 張面額 1 百萬元期限為 10 年的零息債券。

二、債券增額

「債券增額」（Reopening Bond）發行機制，讓同期公債分成多次發行，藉以增加同期公債之籌碼，延續其流動性，並有效建構債券市場殖利率曲線。此制度可改善以往新債發行後，就會把舊債打入冷宮情形，這樣舊債就沒流動性，其所交易出來的殖利率就不具參考價值，就無法建立具公信力的殖利率曲線。

例如：現在年初政府發行 300 億的 A 債券，且於該年每季增發 30 億元，相同票面利率，但不同期限的額度，以增加此債券的交易熱度。通常每季新發行的債券的存續期限會依每季遞減。如：現在發行 5 年期，但下一季同樣的債券，只能發行 4 年 9 個月就到期。

三、債券附條件交易

通常投資債券需要的資金龐大、投資時間長，並不是一般小額投資人容易投資的金融工具。所以為使債券交易可以更為活絡，於是債券交易商將身旁的債券，短暫的賣給投資人；或者投資人（通常為法人）將身旁的債券，短暫的質押給債券交易商，都以債券為憑藉，獲得融通資金。且雙方債券交易不採買賣斷方式，而是投資人與債券交易商事先簽定附條件交易約定書，雙方議定只只承做短天期的合約，合約日期須在 2 ～ 364 天內。

債券附條件交易主要可分為兩種：其一為附買回交易（RP），另一為附賣回交易（RS）。通常附條件交易的買賣立場，是以「債券交易商」為出發，其交易示意圖如圖 8-1，以下將分別介紹這兩種交易。

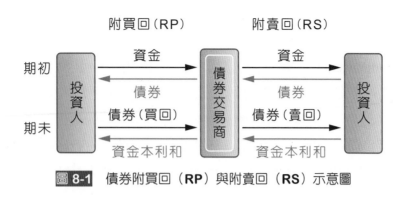

圖 8-1 債券附買回（RP）與附賣回（RS）示意圖

（一）債券附買回交易

債券附買回交易（Repurchase Agreement, RP）是指投資人購買債券不採買斷方式，而是事先與債券交易商簽定附條件約定，交易時雙方約定承作金額、利率與天期，到期時交易商以期初約定的利率及所產生的本利和，向客戶買回債券，稱為「債券附買回交易」。此種交易方式，通常是投資人將身邊的閒置資金，拿去向交易商購買短期天的債券；待合約到期時，投資人可以獲取一筆本金加利息的收益，交易商會把原先那筆債券買回。

（二）債券附賣回交易

債券附賣回（Reverse Sell Agreement, RS）是一種具有融資效果的債券交易，與 RP 剛好為反向操作的交易方式。即債券持有人將債券暫時賣給交易商，雙方約定承作價格、利率與天期，到期時再由交易商以事先約定的價格，再賣回債券給債券持有人，稱為債券附賣回交易。此種交易方式，通常是投資人將身邊閒置的債券，拿去質押給債券交易商，先取得一筆資金；待合約到期時，交易商會將那筆債券賣回給投資人，投資人須準備那筆資金加上利息去贖回原先那筆質押在交易商的債券。

四、扭轉操作

扭轉操作（Operation Twist, OT），又稱「庫券互換操作」是指央行在公開市場買進（賣出）長期債券（如：公債），並同時賣出（買進）等額的短期債券（如：國庫券）。此操作，將使得使得長期利率下跌（上升），短期利率上升（下跌），藉以調整長短期利率的曲線結構；且此操作，並不會影響準備貨幣的數量。

五、免疫操作

免疫（Immunization）操作是指建構一個不管利率如何波動，都可以免除利率變動風險的債券投資組合。通常當利率上升，債券價格下跌，但債券的再投資收益率會增加；反之，當利率下降，債券價格上漲，但債券的再投資收益率會減少。所以免疫操作即使得利率的任何波動，皆不影響原有債券投資組合的價值變動，亦即利率波動對債券的風險之利弊影響全部相抵，將使投資人在特定投資時間內獲得固定之報酬。所以債券的免疫操作原則，就是讓「債券投資組合的期限」等於「債券投資組合的存續期間」。

六、高頻操作

高頻交易（High Frequency Trading, HFT）是指投資人利用電腦程式、以及網路設備的速度優勢，在市場尋找極為短暫，可以套利的機會，藉以賺取買賣之間的價差。這種操作手法，通常每次交易獲利的金額不是很大，但是獲利穩定；只要多次下單，報酬率仍相當可觀。由於高頻交易必須仰賴交易速度，所以有些交易商甚至會將主機放置在交易所附近，以減少主機與交易所之間的距離，以期得到更低的時間差異。

傳外資利用主機共置高頻交易 證期局：並無不公

資料來源：節錄自中央社 **2020/09/22**

媒體報導，證交所開放券商申請「主機共置」服務，造成外資以高於其他投資人 10 倍速度的高頻交易，引發交易基礎不平等疑慮；證期局指出，已有 20 幾家券商申請主機共置，初步來看，這樣的做法並無交易不公平的現象。

證交所表示，世界主要交易所皆提供主機共置服務，證交所為符合國際潮流趨勢，並滿足證券商提升交易網路傳輸效率的需求，因此在 2017 年 12 月 25 日開始提供主機共置服務。

　　金融監督管理委員會證期局主管表示，證券商申請和證交所主機共置服務，讓頻寬從 100M 提高至 1G，頻寬大幅增加，並不代表速度加快；但若短時間內下單量爆增，造成網路塞車，進而影響速度，在有「主機共置」服務的券商下單，確實可避開網路塞車問題。

　　證期局指出，一般投資人若採「限價」下單，應該不會在意「主機共置」的影響；但採高頻交易的專業投資人，應該還是會找有主機共置的券商下單。現已有 20 幾家券商申請與證交所主機共置，初步來看，這樣的做法並無交易不公平的現象。

解說

　　「時間就是金錢」，對於講求速度的金融交易而言更能體會。外資為了使提高交易速率，會至與證交所有「主機共置」的券商下單，這樣才能使高頻交易更順暢。

金融 FOCUS

陸股 ETF 套利贖回遭擋 金管會盯投信

https://www.youtube.com/watch?v=-7JjnVLOF8k

中國股市前陣子火熱,所以國內發行多檔連結陸股的 ETF。但陸股 ETF 的市價與連結標的淨值,出現大幅折價空間,投資人欲贖回「套利」,卻遭投信阻擋。

投資人賭不會倒 榮化可轉債意外漲停

https://www.youtube.com/watch?v=4m_Cu0edj10

2014 年中引起高雄氣爆元凶的榮化公司,其公司股價與債券價格皆大幅重挫。有投資人去搶買該公司的「可轉債」,只要到期前,公司不倒,可獲取「套利」空間。

美聯儲公布扭轉政策 50 年來第二次

https://www.youtube.com/watch?v=KwmY1W9XuHc

美國 FED 為了不影響準備貨幣數量,並調整長短期利率的曲線結構。在市場實施「扭轉政策」,乃拋售短期債券,並同時購買長期債券。

好萊塢電影揭密!" 高頻交易 " 金錢遊戲?

https://www.youtube.com/watch?v=5zlyp0WQWgs

華爾街有投資人利用電腦程式、以及網路設備的速度優勢,在市場進行極為短暫,可以套利的價差操作。此種高頻交易模式,簡直是一項速度的遊戲。

1. 請問 CPPI 與 TIPP 兩者在何處的設定上具有差異？

2. 某基金經理人，擁有 100 億元資金，若將此基金採 CPPI 投資策略，將基金設定價值底限為 90 億元，且槓桿乘數為 2，則該基金可投入的風險資產與無風險資產各為何？

3. 若有一可轉債的轉換價格為 25 元，現在可轉債市價為 125 元，普通股市價為 33.5 元，此時進行可轉債與普通股的套利，其套利獲利情形為何？

4. 若三個月期人民幣 DF 換匯點報價為 0.26 元，NDF 換匯點報價為 0.40 元，若承作 100 萬美金進行無風險套利，其套利獲利情形為何？

5. 請問分割債券操作，是將債券分割成小額的哪一種型式？

6. 何謂扭轉操作？

7. 何謂免疫操作？

8. 何謂高頻交易？

NOTE

CHAPTER 9

金融創新營運模式

本章內容為金融創新營運模式，主要介紹金融科技的簡介以及支付、社群與電商金融服務等內容，其內容詳見下表。

節次	節名	主要內容
9-1	金融科技簡介	介紹金融科技的營運模式與發展趨勢。
9-2	支付金融	介紹行動支付與電子支付服務。
9-3	社群金融	介紹 P2P、群眾募資、機器人理財平台與虛擬貨幣。
9-4	電商金融	介紹電商所提供的徵信放款、信託投資、財富管理、投資銀行與直銷銀行等服務。

 本章導讀

近年來，由於網路、行動通訊等科技的普及發達，為人們的生活帶來許多便利，連帶著也改變了現有的商業經營模式。當然，金融業也受到這股科技潮流的驅使，讓科技滲入金融，兩者激發出「金融科技」產業的誕生，也為經濟社會帶來結構性的轉變。因此金融科技產業，為金融服務帶來創新的營運模式。以下本章將首先，介紹金融科技的簡介，其次，依序介紹金融創新營運模式的支付、社群與電商金融服務。

9-1 金融科技簡介

近年來，全球隨著科技日新月異的發展，人們的生活型態、工業的生產方式、商業的營運模式，亦隨之產生莫大的變化。現代人的生活中，無論通訊、生產、消費、營業、社交等活動，無不仰賴無形的網路、以及有形的電腦、行動與感測等科技設備。所以整個經濟社會的商業活動，受到科技進步的驅動下，逐漸往數位化、自動化、行動化與社群化的方向邁進，也讓營業交易與資金流通，更具便利性與效率性。因此科技對金融所帶來的質變，是金融業所必須面對的一項重要議題。所以本文首節介紹金融科技的營運模式、以及發展的趨勢。

一、金融科技的營運模式

所謂的「金融科技」（Financial Technology, Fin Tech）是指科技（Technology）滲入金融（Financial），讓兩者相融合，產生了一種創新的金融營運模式。其主要的營運模式是由「電子商務科技公司」（以下簡稱：電商公司），利用互（或物）聯網的技術，以進行各項金融業務的經營。

基本上，金融科技的營運模式，主要是由「電商公司」所主導，以「互（或物）聯網」為主要的運作架構，再透過雲端運算（Cloud Computing）、大數據分析（Big Date Analysis）、人工智慧（Artificial Intelligence, AI）、生物辨識（Biometric）與區塊鏈（Blockchain）等多項技術的輔助下，以提供即時、便利、效率、安全與公平的資訊與交易模式，讓業者進行「支付」、「社群」以及「電商」等三種金融創新的服務型態。有關金融創新營運模式的架構面、技術面與服務面的示意圖，請詳見圖 9-1 說明。

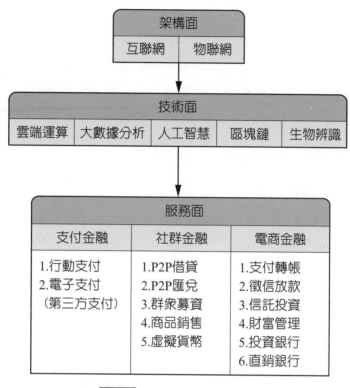

圖 9-1 金融創新營運模式

二、金融科技的發展趨勢

近年來，網路、行動與感測科技的發達，讓科技與金融的結合，所興起的金融科技產業。其產業的發展趨勢會對原有金融業產生衝擊，將使原來的金融服務型態，朝向「金融仲介式微化」、「資金移轉脫媒化」、「網路金融社群化」、「金融資源共享化」、「智慧科技普惠化」等幾個趨勢。以下將分別說明之：

（一）金融仲介式微化

金融科技的營運模式與傳統金融最大的不同點，就是金融營業活動，「可不經傳統金融機構的運作」，就可完成資金移轉、商品交易以及投資理財等各項數位化的金融活動。因此金融科技產業的運作的目的，就是希望利用科技，提供更低成本、高效率、高價值的金融服務，並降低對傳統金融中介的依賴，以達到「金融脫媒」（Financial Disintermediation）的營運模式。

電商公司利用互聯網的技術，在網路提供許多網戶對網戶（Peer-to-Peer, P2P）的交易平台；電商公司除了提供互聯網戶的交易紀錄，供個別網戶參考外，網戶亦可自行蒐集資料、偵測對方，並完成配對媒合與訂價交易。所以互聯網的網戶交易雙方，可以不經傳統的金融仲介機構（如：證券商、交易所），就可以完成資金的移轉或金融商品的交易等活動。因此金融科技的發展，將使金融活動朝向「去中介化」（Dis-intermediation）的方向邁進。

（二）資金移轉脫媒化

以往人們的消費支出，須利用實體信用卡、金融卡、儲值卡或現金的方式，來進行支付。現在電商公司在網路上，開設資金的儲值帳戶，讓客戶先將資金儲值進帳戶後，就可利用「電子支付」系統的模式，進行 P2P 的資金移轉，如此一來，讓支付的流程不經銀行仲介，可以節省交易手續費，使得資金移轉去媒化。

此外，智慧型手機的普及發達，讓原本靜態的電子支付儲值帳戶，延伸至可以進行行動支付的電子錢包，大大的提升使用的便利性與廣泛性。隨著物聯網的進展，人們除了利用手機當支付工具外，亦可利用身體上的穿戴式裝置（如：智慧型手錶）、或生物辨識（如：人體的臉部、虹膜、指紋或聲紋）模式，再透過資訊設備與欲當支付的帳戶相互結合後，亦可完成資金移轉。因此金融科技的發展，讓資金的移轉兼具脫媒化與行動化的趨勢。

（三）網路金融社群化

傳統的金融市場，乃由金融機構為資金仲介中心，政府企業法人與投資個人分別為資金的供需雙方，所以這三者所形成的金融社群，彼此關係壁壘分明。這種傳統金融社群裡，交易雙方會常出現資訊不對稱，且權益分配不對等的情形。但在互聯網的社群世界裡，由於去中心化的特性，所以每個節點個體都是中心，使得資訊透明、資源平等，讓網路社群的個體彼此共享經濟，並實踐「普惠金融」（Financial Inclusion）為目的。

所以現行由電商公司所設置的各種網路平台，除了增加人們通訊社交的便利性外，也建構出無形的社群網絡。人們可藉由網路社群平台，利用其互聯互通、以及共享共治的特性，以完成網戶之間（P2P）的資金借貸、匯款、保險、籌資、商品交易等活動；且交易雙方基於公平與公開的原則，可讓交易成本降低。因此金融科技的發展，將使金融活動朝向網路社群平台的方向移動。

（四）金融資源共享化

由於傳統金融在原有市場經營許久，擁有眾多的交易與消費等數據。金融科技公司大都是中小型的新創事業公司，可能擁有創新的經營思維模式與科技技術，但最缺乏的就是數據與資料。因此必須藉由本身的創新服務或技術與傳統金融合作，透過 API 的串聯建立起服務生態圈，彼此金融交易消費數據資料共享，共同開發新客群，才能共創雙贏。

例如：經營貸款或投資理財整合資訊的新創公司，透過 API 與各家銀行相連結，可提供多家銀行的存放款利率、匯率與各種理財商品的資訊給消費者；消費者只要進入服務網站，就可比較多家銀行的商品，且可進一步引導消費者進入銀行的網站進行消費或交易。如此一來，新創公司除了為自己爭取至業務，也將更多的顧客消費需求，透過 API 帶進銀行，讓新創公司與銀行共享資源，雙方都達到互惠的效益。

（五）智慧科技普惠化

金融科技產業就是利用科技的技術，驅使金融活動更具效率、安全與便利性，並能夠將金融資源普及到每一個細微的網戶。所以在各種先進科技技術（如：人工智慧、區塊鏈與生物辨識等）不斷的進步下，將讓這些智慧科技能為金融帶來資訊透明、資源平等，讓網路的個體彼此共享經濟，以實踐普惠金融。

例如：電商公司將互聯網活動所產生的巨量資料，結合人工智慧的自主與深度學習，讓電商的金融服務（如：電商的徵信放款、財富管理等）能夠更具智慧化，並且能夠普及至每個網戶。例如：電商公司可以利用區塊鏈技術，應用於各種 P2P 的交易模式上，使互聯網金融上的每個個體的地位均等，以達到共享共治的境界。例如：電商公司可以利用生物辨識技術（如：臉部辨識），以協助在進行行動支付時，利用臉部辨識系統促進支付的安全性與便捷性。

9-2 支付金融

近年來，由於行動裝置的普及進步、網路的處理速度增快、以及雲端運算的儲存空間加大，使得人們以往須侷限於桌上型或筆記型電腦，才能處理的事務，現在已經進展到隨時隨地，都可以利用智慧型手機或平板電腦，即可處理許多事務。因此整個商業運作模式，逐漸往行動化的趨勢發展；當然的，金融交易活動，也順應這股科技趨勢，產生了行動化的金融服務。

通常人們無論在實體商店或網路平台，買賣實體、或金融商品與服務時，欲支付購買款項時，以往只能選擇現金、信用卡、儲值卡（帳戶）等工具付款。但現在智慧型手機，可將這些支付工具整合於系統內，讓人們可以很便利的使用它，來進行支付。因此行動化的支付模式，是現今發展金融智慧化的重要服務型態。

此外，近年來，為了網路買賣的交易順暢，興起的一種由非銀行居間的電子貨幣交易模式，稱為「電子支付」。此種支付方式，讓資金的流通更為便利與效率，且發展出可行動支付的電子錢包模式，現已是行動支付的主流型式之一。以下本節將分別介紹這兩種支付模式－「行動支付」與「電子支付」。

一、行動支付

「廣義的行動支付」（Mobile Payment）是指消費者在實體商店或網路平台，購買商品或服務時，不用現金支付方式，乃利用各種可以儲存金錢價值的晶片、卡片與帳戶，予以取代之；例如：金融卡、信用卡、儲值卡（帳戶）等。但隨著行動裝置、以及網路的普及發達，將這些實體的晶片、卡片或帳戶，皆可整合於人們的隨身裝置（如：手機、平板電腦、穿戴裝置、生物辨識）來完成支付的行為，這就是較「狹義的行動支付」的定義。

本文所要討論的「行動支付」工具，是狹義的定義為主。現今，支付工具大致上是以「智慧型手機」為主；但將來隨著物聯網的發展，支付工具將會擴散展至利用人體的「生物辨識」（如：聲紋、臉部、虹膜、指紋等）、或者「穿戴裝置」（如：智慧型手錶、虛擬實境機等）。

現今智慧型手機，仍是人們現在最主要的行動支付工具，但其支付的「感測模式」，會因業者所建構的系統不同，而有所差異。此外，在進行行動支付時，所

連結的「資金帳戶」，也會因業者所設置的帳戶不同，而有所差異。以下本文將介紹「智慧型手機」當支付工具時，其支付的「感測模式」與「資金帳戶」上的差異，且進一步介紹全球行動支付的發展趨勢。

（一）支付的感測模式

行動支付不僅是一種技術，它更改變了整個金融生態系，從消費者、商家、電信公司、電商公司、支付平台到金融機構，都需涉及資金的支付程序。通常利用手機進行行動支付時，依據支付的感測模式，大致可分為兩種模式，其一為利用手機內建的「近場通訊」（Near Field Communication, NFC）、另一為利用內建的「QR Code（Quick Response Code）掃描器」。以下將介紹這兩種資金的支付方式：

1. 近場通訊（NFC）

使用此種支付模式，消費者將現行流通的信用卡、金融卡或儲值卡轉變成虛擬電子錢包，透過「空中下載技術」（Over-the-air technology, OTA）以及「代碼化」（Tokenization）技術，將實體卡整合於手機的 SIM 卡之中；當進行消費支付時，只要開啟手機內建的 NFC 功能，再與消費店家的讀卡機相感應連結，即可完成資金的支付。

但利用此種模式，消費者欲當作支付的信用卡或金融卡，這些卡片的基本資料，需先建構於手機的 SIM 卡之中，目前提供此種行動支付服務的業者，大致採「雲端授信發卡系統（Host Card Emulation, HCE）」。此乃行動支付業者將消費者欲支付的卡片資料，建構於雲端的 SIM 卡中；當要消費支付時，NFC 會透過業者所建構的 HCE 平台，確認卡片資料，然後完成支付。

此外，有些智慧型手機製造商或服務商（如：Apple、Samsung、Google），會直接將行動錢包的軟體直接內建在手機內，使用者只需要打開手機裡的 Wallet，就可以完成現有信用卡註冊；如：Apple Pay、Samsung Pay、Google Pay。相較於沒有將行動錢包的軟體直接內建在手機內，則必須另外在「Play 商店」下載「twallet+」才可完成現有信用卡註冊。因此，直接使用系統內建行動錢包的手機較無建立者方便許多。

2. QR Code 掃描

使用此種支付模式，消費者須先跟行動支付業者，設定欲當作行動電子錢包的信用卡、金融卡或儲值帳戶資料；當需消費支付時，店家利用二維碼掃描槍，掃描消費者手機上的 QR Code、或者消費者開啓手機的二維碼掃描功能，去掃描消費店家的 QR Code，就可各自指定所選取的行動電子錢包，完成付費交易。

通常採用 QR Code 技術相較 NFC 支付技術，被認爲是較容易導入的行動支付模式，因爲對於消費店家的而言，它不需再增添 NFC 所使用的感應讀卡機裝置之費用。

（二）支付的資金帳戶

不管是利用手機、或者是人體生物辨識、穿戴裝置、汽車等等，來當作行動支付的工具。其最重要的就是資金的移轉運作模式，一般資金的移轉模式，可透過原有的銀行體系，所發行的信用卡或金融卡（銀行帳戶）；亦可不經過銀行，而是經過公正的第三方業者所設置的儲值帳戶，來進行支付。以下將介紹這兩種模式：

1. 將信用卡與金融卡虛擬化

不管是利用 NFC 或 QR Code 來進行支付，其將消費支出的窗口，仍由實體信用或金融卡來擔任。此模式只是將實體信用卡與金融卡虛擬化，成爲手機信用卡與金融卡，讓支付更安全與便利。

由於使用者必須綁定銀行帳戶或信用卡，才能使用，所以此種金流模式與實體卡支付模式雷同，並未改變原有支付生態系。因此現在全世界許多知名的支付，都很多採取此模式，如：Google Pay、Samsung Pay 與 Apple Pay。還有國內的銀行與電商公司或支付平台的合作，也紛紛推出自己的支付系統，也大都採取此模式居多。

2. 利用儲值卡或儲值帳戶

若支付的金流不是來自於原來的金融體系內的信用卡或金融卡，而是藉由「電子票證公司」所發行的儲值卡（例如：悠遊卡、一卡通）、或者是由「電子支付公司（第三方業者）」所提供的儲值帳戶（如：街口支付）以進行支付移轉。若儲值卡（帳戶）之間可進行帳戶間（P2P）的資金互轉行爲，此稱爲「電子支付」、或稱「第三方支付」。所以只要電子支付將支付的儲值帳戶，轉成行動支付的電子錢包，則電子支付也可以進行行動支付。但市面上所有的行動支付，就不一定是電子支付。

此種支付模式，若在進行行動支付上，通常大都是利用 QR Code 的方式進行。但重要的功能乃是網路上進行 P2P 交易時，其資金的支付只要透過雙方在第三方所設

置的儲值帳戶，就可完成資金相互移轉；已不用再透過原有信用卡與金融卡組織，所以會對原有的支付生態系統造成影響。

二、電子支付

近年來，為了網路買賣家的交易便利，興起的另一種由「電子支付公司」居間仲介的資金移傳模式，稱為「電子支付」（Electronic Payment），由於資金移轉非由傳統銀行，而是電子支付公司以第三方名義居間，所以也被稱為「第三方支付」（Third Party Payment）。通常電子支付機構成立電子支付平台，接受使用者註冊、以及開立資金移轉與儲值帳戶，並利用電子設備，以連線方式傳遞收付訊息之業務。

由於電子支付（第三方支付）系統的運作模式，提供給網路的買賣雙方一個安全便利的資金流通平台，且因資金不經銀行仲介，可以節省許多交易手續費。近年來，又拜智慧型手機的普及發達，讓原本靜態的網路儲值帳戶，延伸至可以進行行動支付的電子錢包，大大的提升使用的便利性與廣泛性。因此，近年來，全球各國都積極的發展自己的交易平台與系統，希望讓資金的流通更為便利與效率。以下本節將介紹電子（第三方）支付運作模式。

有關電子（第三方）支付的資金移轉模式，此處以華人圈中最大的第三方支付系統，為中國阿里巴巴集團所推出的「支付寶」為例，來進行說明。交易說明如下，並詳見圖 9-2 的輔助說明：

1. 網路買賣家，首先均在「支付寶」開立帳戶，並將銀行資金儲值於帳戶內。

2. 買家於淘寶網完成選購商品。

3. 買家將購物價款，由「支付寶」預付給淘寶網。

4. 淘寶網通知賣家出貨，且通知買家已付款之訊息。

5. 賣家出貨商品給買家。

6. 買家收到商品後，再通知淘寶網「確認收款」。

7. 淘寶網再將商品價款，支付至賣家的「支付寶」。

所以以上七個步驟，藉由電子（第三方）支付，就完成網路交易買賣雙方可以商品與價金同步交割的情形。

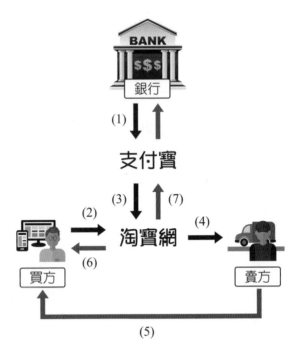

圖 9-2 電子（第三方）支付交易模式－以支付寶為例

金融大視界

一張圖看懂臺灣「電子支付」產業生態

圖文資料來源：節錄自未來流通 2021/05/11

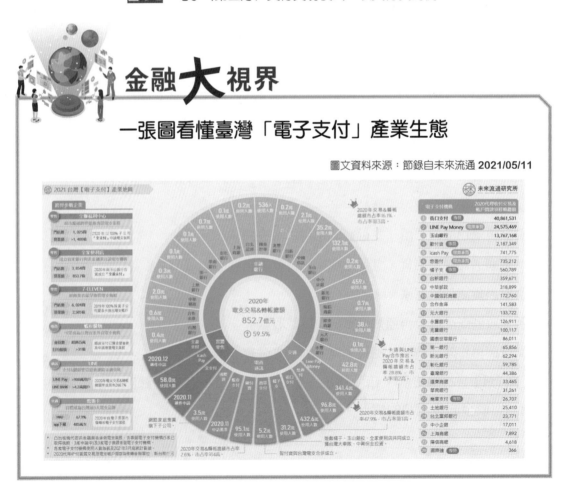

2020 年受到疫情影響，民眾為降低接觸傳染風險並維持安全社交距離，選擇不需任何實體媒介即可完成交易的行動支付比例大幅提高，加上數位金融技術成熟度提高，帶動 2020 年臺灣行動支付與電子支付普及與應用速度顯著攀升。

根據金管會統計，2020 全年臺灣行動支付交易額突破新台幣 4,230 億，年增 132%，消費規模寫下歷史新高。引領行動支付金額大幅增長主因，除了疫情醞釀出的低接觸生活型態外，另一項關鍵支柱來自於全聯、全家、7-11、新光三越、家樂福、蝦皮等大型零售通路與電商業者近兩年啟動的通路自營支付戰爭，加上外送平台服務的蓬勃發展，匯集形成越來越豐富的應用場景基礎，使 2020 年成為觸發臺灣行動支付與電子支付產業進入快速成長軌道的關鍵點。

在各式行動支付中，「電子支付」涵蓋的金流服務範疇最為齊備，可於付款及收款方間經營「代理收付實質交易款項」、「電子支付帳戶間款項移轉」以及「收受儲值款項」3 大核心業務，功能近似於簡易版銀行。目前臺灣共有 28 家業者擁有電支執照，包括街口、橘子支、簡單支付、歐付寶、國際連等 5 家專營電支機構，悠遊卡、愛金卡、一卡通等 3 家電子票證兼營電支機構，以及 19 家銀行與中華郵政均兼營電支業務。

除上述業者外，大型零售企業如全聯、全家以及電商平台業者蝦皮購物，亦於原有行動支付工具與龐大的會員基礎上，開始跨界搶進電子支付市場。加上即將於 2021 年實施的電支機構管理修正條例，賦予電支業者更廣闊的業務發展空間與服務彈性，使「電子支付」產業受到的關注熱度不斷提升，市場競爭強度也同步拉高。

解說

由於 2020 年初，國內受武漢肺炎疫情的影響，使得國人使用行動支付的比例大幅成長。基於這個活絡的行動支付商機，也促使各類業者（如：零售業、電商業）紛紛加入爭食大餅，想必未來國內的行動支付業者應該競爭激烈。

9-3 社群金融

金融科技的運作模式之所以具破壞式創新的特性，乃是在茫茫的網路世界裡，加入「社群」的因子；把全世界各地的網戶聚集一堂，利用群眾的力量，進行互利共享的運作模式，讓金融資源被公平、透明、效率的分配，以實踐「普惠金融」的目標。因此，網路社群金融的普及發展，不僅使得金融資源得以重新分配，也為金融創新營業活動帶來新契機。以下本節首先，介紹的 P2P 網路平台、群眾募資平台、商品銷售平台與虛擬貨幣等社群金融的服務型態。

一、P2P 網路平台

傳統上，資金的借貸、轉帳與匯兌，大都是透過「銀行」運作。但現在由電商公司所提供的 P2P 網路平台，就可以媒合網戶之間，資金的借貸與匯兌需求，不須再透過銀行。此外，傳統上，保險客戶遇到保險需要理賠時，都是由「保險公司」進行賠償，但 P2P 保險機制，當遇到理賠時，保戶之間也可進行互相承擔，不須再完全透過保險公司。因此 P2P 網路平台，乃是一種有別於傳統金融的創新營運型態。以下本文將介紹三種較常見的 P2P 網路平台類型。

（一）P2P 借貸平台

傳統的金融活動中，資金的借貸大都是透過「銀行」體系的存放系統來進行；銀行可以決定放款對象、金額多寡與利息高低。但是，現在由電商公司所提供的網路借貸平台，可以媒合有資金需求與供給的個體戶，讓供需雙方在網路上完成 P2P 的借貸交易，不用再經過傳統銀行的仲介。此舉可以幫助中小企業、以及個人，解決小額信用貸款問題，且可替貸款者降低利息支出、以及增加放款人的利息收入。

P2P 借貸平台的運作模式，可以依據平台業者，所提供的保障程度差異，大致上可區分以下四種模式：

1. 平台配對模式

此種模式平台業者，只擔任資金借貸的仲介角色，業者僅對借款者進行制式化的信用審查後，並發佈借款消息，讓平台上的借款者與放款者，雙方自行撮合配對，因此放款者要自付違約風險。這種模式是 P2P 借貸平台的最原始方式，全球最早的 P2P 業者英國－「Zopa」的初期營業情形、以及臺灣的「哇借貸」，都是採取此模式。

2. 平台擔保模式

此種模式平台業者，除了擔任資金借貸雙方的中介與配對角色外，也對借款者進行較嚴密的信用審查，且擔任保證人的角色、或提供其它的保障方式；一旦借款人發生違約時，平台業者須負責償還放款者全部或部分的本金。例如：臺灣的「LnB 信用市集」，也是類似採取此模式。

3. 債權轉讓模式

此種模式平台業者，首先會對借款者進行較嚴密的信用審查，然後先由一個資金雄厚的大額放款者，將資金放款給借款者，最後再由大額放款者，將債權分割成小額的債權，轉讓給其他小額的放款人。若借款者發生違約時，平台業者會協助小額放款人催收、提起法律訴訟或轉讓債權。此種模式，有點像以往的地下錢莊業者，自己先當起資金大戶，再將債權轉給其他小額投資人。例如：臺灣的「鄉民貸」乃採取這種模式。

4. 導入銀行模式

此種模式平台業者，首先會將平台上，有資金需求的借款者轉介給銀行，再由銀行將債權證券化後，再發行小額的理財投資商品，並回掛至平台賣給投資人（放款人）。此種模式的資金供需方，比較像是間接金融的運作，因此小額的投資人購買平台上的理財投資商品，後台有銀行當保障，所以相對比較安全。現在全球最大的 P2P 借貸平台「Lending Club」就是與「webbank」，採取此種合作關係。

（二）P2P 匯兌與匯款平台

傳統上，資金的匯兌與轉帳，大都是透過「銀行」來運作，銀行可以決定匯兌買賣價的差額、以及手續費的高低。但現在由電商公司，所提供的 P2P 匯兌與匯款平台，可以媒合資金匯兌的需求、以及提高資金轉帳的便利性。以下本處將介紹這兩種有關匯兌與匯款的 P2P 平台。

1. P2P 匯兌平台

以往人們要進行不同幣別的兌換，都是須至銀行進行匯兌，匯率與手續費都由銀行決定，顧客只能選擇去哪家銀行進行操作。但是現在電商公司，所設置的 P2P 匯兌平台，提供跨國換匯與匯款的服務，讓網戶在平台上，可找到相對應的貨幣兌換者。此舉可以幫助網戶交易雙方，降低手續費與換匯成本。例如：臺灣當地有人想拿台幣換美金，美國當地有人想拿美金換台幣，兩者在 P2P 匯兌平台，即可完成換匯交易，不須經過銀行買賣價的價差剝奪，可以節省成本。

2. P2P 跨境匯款平台

以往人們要跨境轉帳，都是須至銀行進行匯款，手續費都由銀行決定，顧客只能選擇去哪家銀行進行操作。但是現在電商公司，所設置的 P2P 跨境匯款平台，提供跨國匯款的服務。此舉可以幫助網戶交易雙方，降低手續費。

（三）P2P 保險平台

傳統上，保險公司販售各類型的保險商品，當保戶遇到需要理賠時，都是由「保險公司」承擔風險。但是隨著數位科技的發達，網路社群的崛起，使得科技與社群的元素滲入至保險的運作模式，於是興起了一股「保險科技」（InsurTech）的經營型態。

現在由電商公司所提供的 P2P 保險平台，乃集合某些特定保戶，當保戶遇到需理賠時，若是小額理賠資金，先由保戶共同承擔；若理賠金超過某個程度，再由保險公司承擔部分的風險。因此 P2P 的保險機制乃奠基於「風險共同承擔」的概念，讓保險團體成員之間彼此互相幫助。以下本文將介紹有關於 P2P 保險平台的運作模式。

P2P 保險的運作模式，是以若干保戶所組成的團體為一個單位，首先，每位保戶先繳交一筆保費至團體內；然後，再將團體內的所有保費，分成兩個部分。一部分去為整個團體，購買傳統保險商品，所支付的保費，另一部分則進入回報資金池。以下，以成員是否有發生出險的情形，分成兩種狀況說明：

1. 當保費到期時，只要團體內保戶沒有人出險，各保戶就可以均分，拿回資金池中的資金。所以出險率低的用戶團體，就可以獲得實質性的保費返回獎勵。

2. 當若保費期間有成員發生出險，若是小額理賠，先從回報資金池的資金支應；當理賠資金超出資金池所能承擔的部分，才由保險公司進行理賠。

金融大視界

LnBX 魏導首創金融科技電影籌資

圖文資料來源：摘錄自自由時報 2021/01/21

名導魏德聖《臺灣三部曲》電影即將開拍，目前已在群眾募資平台籌得 1.24 億元，對於每部電影拍攝預算超過 12 億元而言財務仍有缺口。《臺灣三部曲》攜手 LnB 信用市集共同宣布，將推出首創金融科技（FinTech）提供電影產業新籌資方向，投資人可選擇提供 24 萬或 36 萬元借貸，返還品包括電影周邊商品、參與電影搭景、拍攝、後製各種體驗行程，達到普惠金融新境界。

LnB 信用市集執行長表示，曾推出小農與在地產業的「借錢還物」借貸方式後，現更將觸角延伸到電影工業，這種商業模式可同時解決資金與產銷問題，這次《臺灣三部曲》還物內容是參與協助臺灣留下 400 年歷史的夢想，希望獨一無二體驗可募到上億元資金。

此次投資方案也提供分期付款，目前行銷通路除網路外，也會透過包括臺灣大車隊及其他跨業合作的實體通路，期待透過普惠金融科技可深入每個產業解決資金問題，而目前除《臺灣三部曲》外，不少金馬獎導演也因為籌資不易與 LnB 信用市集聯繫。

LnB 信用市集強調，與募資平台不同，LnB 信用市集不是預購，而是有返還責任的借貸關係，如果期限到無法返還，就得擔負法律責任，募資平台常見的不出貨或延遲出貨的問題，這些 LnB 信用市集都極少發生。

國內知名 P2P 借貸平台─ LnB 信用市集發揮金融科技力量，為《臺灣三部曲》電影進行籌資活動。投資人可選擇以「資金借貸」方式，亦可以「借錢還物」的方式，返還品包括電影周邊商品、參與電影搭景、拍攝、後製各種體驗行程，將資金借給電影拍攝單位。

二、群眾募資平台

群眾募資（Crowdfunding）是指由電商公司成立網路平台，提供給「微小型企業」或「具創意或公益等專案」，向不特定大眾宣傳其公司未來前景、或者創意或公益等專案的概念、設計或作品，藉以達到募資的目的。

由於全球自 2008 年金融危機過後，全球股市暴跌銀行業放款緊縮，讓許多新創企業，開始走向群眾募資的管道籌措資金。此外，由於互聯網的發達，也讓缺乏資金，但具有創意性或公益性構想與理念的個人，利用群眾募資平台，向普羅大眾推銷其創意構想與公益理念，以爭取獲得資金的援助。

群眾募資平台依照募資的目的可分為：「捐贈」、「回饋」、「股權」與「債權」等四種模式，以下本處將對這四種運作模式進行介紹：

（一）捐贈模式

出資者投入資金後，若提案者並無承諾回饋，則屬於單純的捐贈。由於是無償的捐贈，除非雙方有特別約定，當募資不足時，應退還出資，否則出資者很難對募資者有任何求償的權利。通常此模式，大都是具公益性的案例，因此又稱為「公益募資」模式。

（二）回饋模式

出資者投入資金後，募資者會承諾，將開發的產品或服務，回饋給出資人。例如：贊助開發有機食品的生產製作，若將來案例能成功的完成執行，出資者可獲得有機食品當作回饋獎勵。通常此模式的運作，兼有「贈與」與「買賣」商品之特性。

（三）股權模式

出資者投入資金後，成為募資者公司之股東，未來有權監督公司運作以及配股分紅之權利；此種募資模式，亦即「股權群募平台」。通常股權募資者，須提出一份較完整的商業計畫書、以及擬分配股份的數量與價格。待籌資成功後，募資者與投資人須共同處理合約簽屬與股權轉移等事項。目前全球第一個股權群募平台為英國的「Crowdcube」。

（四）債權模式

出資者投入資金後，募資者事後須歸還本金加計利息。此模式亦即前述中的 P2P 借貸平台。目前 P2P 借貸平台已蓬勃發展成為一獨立事業，全球最有名的 P2P 平台為－ Lending Club；臺灣目前現有多家借貸平台，例如：「LnB 信用市集」與「鄉民貸」等。

金融大視界

創業者必懂，9 年成長 200 倍的「群眾募資」在夯什麼？

圖文資料來源：節錄自遠見雜誌 2020/07/23

知名 Youtuber 阿滴在《紐約時報》刊登廣告向世界衛生組織（WHO）抗議。沒有政黨、企業奧援，靠的是群眾募資：一天內動員 2 萬 7494 名贊助者，集資近 2000 萬台幣，成為臺灣群募史上參與人數最多的專案。

群募讓人流、金流在網路上「萬佛朝宗」，基本模式卻很簡單：提案者設計專案、顯示金額目標

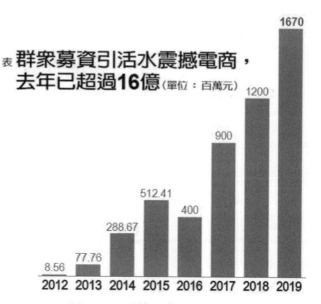

表 群眾募資引活水震撼電商，去年已超過16億（單位：百萬元）

註：2016～2019年為粗估金額
資料來源：貝殼放大、群眾觀點CrowdWatch
整理：毛凱恩

與即時進度,並提供不同回饋。簡單觀念配上強大威力,大至政治人物、小至學生的畢業製作,都想搭上這班特快車。根據群募顧問公司「貝殼放大」統計,2019 全年臺灣群募金額約 16.7 億元,對比 9 年前增長近 200 倍,還點燃三大變革火苗。

變革一、成功操作議題,藝文、公共利益都能變現

群募平台會崛起,最初是贊助文化、藝術。隨後擴張到公共領域,近年便有不少候選人以此招募經費。具觀察,群募興盛可能跟現代人生活忙碌有關。大家撥不出時間,才花錢買「贖罪券」,無法出力,也要出錢響應。

變革二、化身新創孵化器,圓夢前能預告風險

議題性強的群募專案,加上提案者的商業頭腦,更讓群募平台成為新創孵化器。

變革三、進度條展示火力,翻轉傳統電商銷售

電商界一度認為群募是「小孩子玩的東西」,過往進口商引進產品來台,常與電商平台洽談合作。不過比起電商高達兩成的通路行銷費用,群募平台只收 8% 手續費,吸引進口商轉向。如:小米家電、石頭科技旗下的小瓦掃地機器人,現在都改由群募平台,進軍臺灣市場。若再以破壞性的市場價格助攻,後續行銷將事半功倍。

解說

近年來,國內興起一股群眾募資熱潮,讓許多公益性與創意性的活動與專案,可藉由群眾的力量來完成。當然,欲尋求小額資金創業的微小企業,亦可尋求募資平台來協助。國內近 10 年來,募資金額增長近 200 倍,可見群眾募資平台亦是創業者的好夥伴。

三、商品銷售平台

以往的金融商品銷售，傳統上大致都是由金融機構負責行銷。近年來，隨著金融科技的日新月異，電商公司設置許多商品銷售平台，並結合原有金融機構的行銷管道，以提供了投資人更多便利性與經濟性的投資管道。以下本節將介紹幾種以電商公司為主，所設置的金融商品銷售平台。

（一）基金銷售與交換平台

傳統上，通常國內投資人買賣開放型基金，以往可於「投信公司」或「代銷機構」（通常以銀行或證券商為主）進行買賣。近年來，由政府單位與電商公司，成立「基金銷售平台」，可提供投資人更多元、更便利、更透明、以及收費更便宜的投資管道。

近年來，國內有新創業者於推出「基金互換（Fund Swap）平台」，提供不同投資人，若持有同一家投信的基金可購過此平台互相交換，可即時交割、確認成交價且免手續費，並運用區塊鏈技術記錄交易，透明度高。

（二）保單銷售平台

傳統上，保險市場中販售保險商品的機構，大都以「保險公司」、「保險經紀公司」、「保險代理公司」為主要單位。近年來，由「電商公司」成立保單銷售平台，再結合原來的保險、保險經紀與保險代理公司，共同提供更多元、便利、透明、以及精確的合適保單給欲投保的顧客。

通常由電商公司主導的這種「保險」（Insurance）結合「科技」（Technology）之「保險科技」（InsurTech）相關保單，又依照保單的設計簡易與複雜程度，可區分兩種類型，其一為提供簡易的「保單直銷」，乃以簡單與標準化的保單產品為主，如：車險、旅遊平安險等；另一是結合物聯網、人工智慧與大數據分析，提供按使用量計費與客製化的「科技保單」。

（三）財富管理平台

傳統銀行裡，幫助客戶進行財富管理的業務，大都是由銀行裡的理財專員負責。但人類的理財顧問模式，是很容易受到理財人員的利益、情感等不理性的因

素干擾。現在由電商公司所成立的財富管理平台，又稱為「機器人理財」（Robot-Advisor），其運作方式乃利用人工智慧（AI），先瞭解客戶屬性與投資需求（如：年齡、所得、職業、投資目標、風險承受度等），再提供給投資人合適的投資理財建議，且會根據市場動態，隨時對投資人提出適度的投資規劃。

金融大視界

「好好投資」讓基金互換好容易

圖文資料來源：節錄自遠見雜誌 2020/01/03

基金投資人想把投資了四年的基金贖回。但他從網銀上按下贖回鍵，一直到資金入帳，才確認交易價格。一共花了七天，還得扣掉信託管理

費，如果把這筆錢另投其他基金，又是一筆申購手續費；就算只是在同一家基金公司轉換基金標的，也要收取轉換費。「贖回等很久、手續費又高，難道基金交易沒有更好的方法？」身為資深「基民」的小湯不禁苦惱。

未來，這個痛點有機會解決。金融科技新創「好好投資」，與遠東商銀攜手開辦。好好投資端出的方案叫做「新型態網路基金交換平台 FundSwap（好好換）」，可以讓民眾在平台上互換基金，可即時交割、確認成交價且免手續費，並運用區塊鏈技術來記錄交易，透明度高。

「FundSwap 以 P2P 概念出發，能達到五贏！」好好投資創辦人指出，除了民眾、基金公司、基金銷售機構（銀行）、好好投資與政府都能獲益。基金是互換而非單向贖回，被交易基金的整體資產規模（AUM）可維持穩定，基金公司的操作績效就不會因此打折。此外，以銀行為首的基金銷售機構，過去賺的是基金交易手續費，現在由好好投資購進基金，讓銀行多了 B2B 商模，也激活了數金用戶。加上使用區塊鏈技術，交易紀錄透明。

解說

　　近期，國內推出網路「基金交換平台」—好好投資，採會員制，民眾可在平台上與會員互換基金，並運用區塊鏈技術記錄交易，透明度高，解決現行基金轉換時，耗時耗本的痛點。

金融大視界

新 UBI 車險華麗變身保費每季即時退費

圖文資料來源：摘錄自自由時報 2020/12/07

國泰、南山合力推出動態定價車險UBI

屬性	MHYD（Manage-how-you-drive）模式：更著重管理駕駛行為，運用車聯網技術，駕車過程主動進行風險管理
特色/條件	透過「年繳季退」方式辦理，並提升資料蒐集的技術（同時使用APP、GPS），於每季檢視駕駛行為，表現優良者每季保費最高可享20%折扣。
資料取得	從APP、GPS蒐集到的個資與數據，將存放於公正第三方犯防中心，民眾投保更安心。
進度	目前屬試辦期間，12月1日起開始適用，預計募集2,000名車主。
實際案例	「動態定價車險」每季進行評鑑，以「丙式車體險」加「第三人責任險」為例，保費約每年1萬至1.2萬元；若車主被評鑑為優良駕駛，每季原本要繳3,000元，可以打8折降為2,400元。

資料來源：犯防中心、國泰產險 製表：記者巫其倫

　　UBI 車險又稱為「駕駛行為計費保險」，在歐美已經風行多年，我國也從2016 年開始導入，但過去成效並不佳；因此，金融犯防中心與國泰產險、南山

產險共同合作，向金管會申請「試辦」新一代的 UBI，優良車主每季保費可打 8 折。

備受矚目國內首張動態定價車險

首先，南山產險強調，這是運用「保險科技」和「駕駛行為評級模型」技術，所推出的新款 UBI 商品；不僅是國內第一張「動態定價車險」，也是產險業「試辦 UBI 業務」首例，對產業創新具重大意義！

國泰產險汽車保險部協理說明，與目前市面上的 UBI 車險商品比較，本次試辦的新款 UBI 商品，是針對退費時效、蒐集數據技術、退費標準進行調整，主要還是希望能增加保戶附加本商品的誘因。

南山產險也指出，與過去 UBI 商品不同的地方是，新一代採用「車用 GPS 及 APP」雙工具相互綁定的方式，這是因車用 GPS 是固定在車內，記錄實際駕駛行為數據更精確、資料不易竄改；且因綁定手機 APP，可交叉比對確認駕駛人，駕駛人也可利用 APP 檢視自身駕駛習慣，有效改善駕駛行為。

其次，在保費減免方面，國泰產險表示，新款 UBI 是採取「動態定價」模式每季進行評鑑，以「丙式車體險」加「第三人責任險」為例，原本保費約每年 12,000 元左右；若車主被評鑑為優良駕駛，每一季原本要繳 3,000 元，就可打 8 折降為 2,400 元。

對此，南山產險說明，試辦階段的新款 UBI，駕駛行為評級採設定三級減費區間：傑出（原費率 -20%）、優良（原費率 -10%）、一般（維持原費率）；換句話說，只要被評定優良或傑出駕駛，最高可減費達 20%，並將溢繳保費直接退費給保戶，讓退費「更有感」、「即時」。此外，繳費方式也不同以往，由國泰與南山產險試辦的新一代 UBI 保單是採「年繳季退」，每一季都會依據上一季的駕駛紀錄評級，來確定保費。

解說

隨著物聯網的進步，讓保險結合科技所產生的科技保單應運而生。國內有保險公司推出 UBI 保單，讓保費與駕駛習慣與時數等情形相連結，提供客戶「動態定價車險」。

四、虛擬貨幣

所謂的「虛擬貨幣」（Virtual Currency）是指存在於網路世界的數位化貨幣（Digital Currency），由開發者發行與管控，供特定虛擬社群成員使用。通常創設虛擬貨幣的開發者，都會設立流通平台，以服務網路社群成員。虛擬貨幣與「電子貨幣」（Electronic Money）（例如：儲值卡、電子錢包）很相似，但兩者最大的不同是電子貨幣具法償地位等同於真實貨幣，可以在真實的生活使用。但虛擬貨幣雖有自訂的計價單位，但不具法償地位，大都僅限於特定的網路社群裡使用，一般將之視為「商品」而非真正的法定貨幣。

在虛擬貨幣的體系裡，以往的虛擬貨幣，大都僅限開發者所限定的平台內流通使用，無法與真實貨幣進行「雙向兌換」，且大都不具加密特質。但由於具加密技術的虛擬貨幣－「比特幣」的崛起，讓它擁有可與真實貨幣進行「雙向兌換」的特質，因此爾後，這種具加密特性的虛擬貨幣，逐漸演化出一系列相關的虛擬代幣出現，讓整個體系對經濟社會影響性逐漸擴大。以下本單元將介紹幾種可進行「雙向兌換」的虛擬貨幣。

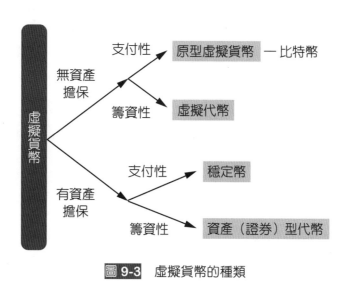

圖 9-3 虛擬貨幣的種類

（一）原型虛擬貨幣

此類虛擬貨幣乃網戶參與「區塊鏈」的共識驗證解密活動，所產生的獎勵（或稱酬勞）貨幣。由於這種「加密虛擬貨幣」（Cryptocurrency）具隱密性，所以便

於被特定人士用於跨境支付行為,並可與「真實貨幣」進行雙向兌換,且市場也設置買賣此種虛擬貨幣的交易所,讓它在市場具有與真實貨幣連結的交易價格。

全球知名的此類型的加密虛擬貨幣首推始祖─比特幣,由於深受市場的青睞,隨後又發展出上千種相似的虛擬貨幣,其中,以萊特幣(Litecoin)、瑞波幣(Ripple)、以太幣(Ether)最為知名。

(二)虛擬代幣

虛擬代幣(Crypto Token)乃由上述的原型虛擬貨幣所衍生出來的代幣,且都利用區塊鏈技術,故亦具加密特性。通常代幣發行者利用「首次公開發行代幣」(InitialCoin Offerings, ICO)的名義於市場籌集資金,故虛擬代幣具籌資功能。

(三)穩定幣

穩定幣(Stable Coins)乃由發行機構利用區塊鏈技術,並提供某些資產(如:法定貨幣)當儲備、或提供穩定機制所發行的加密虛擬貨幣,且以「支付」為主要功能。穩定幣除了具有與真實貨幣進行雙向兌換的功能,且因價格會較無提供資產擔保的虛擬貨幣穩定,所以其「支付性」更受到信任。

此類型乃發行者提供某些資產當作發行穩定幣的擔保,且該穩定幣的價格與抵押資產的價值相連結。其中以「法定貨幣」當作抵押擔保最受青睞。「法幣穩定幣」(Fiat Stablecoin)是以各國的「法定貨幣」當作抵押擔保,並與其匯率相掛鉤所發行的虛擬貨幣。例如:發行 1 枚穩定幣會拿 1 美元當儲備,讓該穩定幣的價格與美元匯價相連結。

(四)資產(證券)型代幣

資產型代幣(Asset Token)乃由發行機構利用區塊鏈技術,並以資產(或所有權)的價值當作抵押擔保所發行的加密虛擬貨幣,且以「籌資」為主要功能。通常資產型代幣在進行籌資時,若願受到當地證券交易法令的規範會將之稱為「證券型代幣」(Security Token)。在虛擬貨幣世界裡,將資產價值碎片化轉為「虛擬代幣」型式,稱為「代幣化」(Tokenization),這如同傳統金融中,將資產價值碎片化轉為「有價證券」型式,稱為「證券化」(Securitization)。

　　證券型代幣常用來表徵發行機構的資產（或財產）、或其所擁有的權利，並以有價證券型式發行，並受相關法令規範與管理。通常發行機構可透過「證券型代幣首次發行」（Security Token Offering, STO），向投資人募集資金，並可於虛擬貨幣交易所進行買賣交易。由於證券型代幣可將資產碎片化，以利小額募資，且藉由區塊鏈的技術，將傳統有價證券的發行、託管和結算等程序融入智能合約內，讓發行與交易更便利、安全與透明。

金融小百科

中央銀行數位貨幣（CBDC）

　　中央銀行數位貨幣（Central Bank Digital Currency, CBDC）是一種由各國中央銀行所發行，具有法償地位的數位貨幣，可替代部分現金的發行。現在世界約 8 成的央行（包括：美國、中國、日本與歐盟各國等）都在研擬發行中。

金融大視界

兩大支付巨頭入局！
MasterCard 宣布 2021 將開放「加密貨幣直接付款」

圖文資料來源：摘錄自動區 2021/02/11

國際金融巨頭萬事達卡（Mastercard）指出，「不論你對加密貨幣是支持抑或反對，不可否認的是，這些數位資產已經成為支付世界中的重要組成了」。另外，根據萬事達卡網路數據，使用信用卡購買加密資產、使用加密金融卡來消費的用戶量都在快速成長中。

由於各個加密貨幣的合規性不盡相同，因此其網路將不會支持所有的加密貨幣，並強調其整個生態系統將專注於具「可靠性」及「安全性」的加密資產，而穩定幣可能是考慮範圍內。除此之外，萬事達卡並未清楚提及將支持哪些加密貨幣。萬事達卡表示，其精選的加密貨幣將會專注於消費者隱私及安全性、嚴格合規協議，以及穩定性。萬事達卡所指的，很有可能是與美元錨定的穩定幣。

最後，在萬事達卡宣佈的資訊中特別提要：接受加密貨幣「直接支付」並不代表加密貨幣會在其支付網路中移動。用戶支付的加密貨幣，將會由萬事達卡合作夥伴轉為傳統貨幣，然後再將其傳輸到萬事達卡網路之中。由此一來，遍佈全球 210 個國家的萬事達卡，將會為其 2,000 餘萬的合作商家開啟加密貨幣支付服務，除了能有效提高支付效率，也被視為是加密貨幣邁向主流支付領域一大里程碑。

另一大巨頭 Visa：考慮將加密貨幣加入支付網路

萬事達卡的最大對手 Visa，同樣表示會考慮將加密貨幣加入 Visa 網路。Visa 執行長在 2021 年第一季財報中表示，可能會將比特幣和其他加密貨幣添加到其龐大的支付網路中，使加密貨幣變得更加安全、可靠和適用於支付。Visa 表示，在某種程度上，一種特定的數位貨幣已成為公認的交易手段，Visa 沒有理由不能將其添加到支付網路當中。

Visa 雖未清楚表示該計畫將於何時執行，但 Visa 對加密貨幣的開放程度向來較萬事達卡開放，即使萬事達卡現在宣布搶先於加密貨幣「直接支付」領域開跑，但這場未來支付戰爭的贏家還未出爐，但可以確定的是，2021 年將會是傳統支付巨頭擁抱加密貨幣的一年。

解説

　　全球信用卡巨頭之一的萬事達卡（Mastercard）已將加密「虛擬貨幣」列入支付付款的貨幣之一，這也顯示虛擬貨幣逐漸受到大型金融機構的重視，且可能不久的將來，信用卡另一巨頭 Visa 也會加入此行列。

9-4 電商金融

　　本節將要討論電商金融服務，與前述兩章所討論，由電商公司所設立的網路平台，所提供的「支付」與「社群」這兩種創新金融服務，其服務的本質上是相同或相似的，乃都屬於「影子金融」（Shadow Financial）的一部分，但兩者在營運模式上，仍有些差異。

　　這兩者主要的差異，乃在於本章所介紹的電商金融服務，其運作模式是將原本電商所經營的網路商品買賣平台，因眾多網戶在自家的第三方支付之封閉式「儲值帳戶」裡，累積了龐大的資金；電商再利用這些資金，從事起類似傳統金融的「電商金融」業務。這與前述兩章，電商公司所主導的行動與社群金融服務中，大都是電商公司先成立平台，再去進行資金或商品交易的金融服務，是有所不同的。

　　電商金融的服務在金融監管較嚴謹的國度是會被限制的，但在金融體制較不完善的國家（如：中國），卻可以盡情的發揮。由於電商金融的崛起，不僅迫使中國傳統金融進行改革外，也使得金融資源分配不均勻的情形獲得改善，並為全球商業活動，帶來嶄新的營運模式與成長動能。以下將介紹幾種電商金融的服務型態。

　　以下本節將針對中國境內現在最大的電商集團—「阿里巴巴」，其旗下掌管電商金融事務的「螞蟻金服」，底下從事「類金融」服務型態的子機構或轉投資機構所進行的服務型態進行說明。

表 9-1 螞蟻金服旗下的的子機構或轉投資機構之服務類型、服務機構與營業特色

服務類型	子機構與轉投資機構	營業特色
支付轉帳	支付寶	第三方支付、電子錢包
徵信放款	芝麻信用	信用評等
	螞蟻小貸	小額放款
	螞蟻花唄	透支預付、分期付款
信託投資	餘額寶	集合管理帳戶投資貨幣型基金
財富管理	招財寶	中小企業貸款類的投資理財商品
	螞蟻聚寶	小額基金投資
	衆安保險	網路保險平台
投資銀行	螞蟻達客	股權募資平台
直銷銀行	網商銀行	網路直銷銀行

一、支付轉帳

傳統金融活動中，有關資金的支付轉帳，除了現金交易外，其餘的支付工具，如：支票、匯款、金融卡、信用卡等；大都是透過銀行的金流系統，來完成支付轉帳的活動。近年來，爲了網路買賣家的交易便利，興起另一種由非銀行居間的電子貨幣交易模式，稱爲「第三方支付」。這種支付方式，只要網戶在「第三方支付」平台開設「儲值帳戶」之後，網戶之間的資金移轉，就可在這閉環式的系統裡進行支付轉帳，且都不需透過原來的銀行居間仲介。

由於中國的阿里巴巴集團，所成立的購物網站平台－淘寶網，主要提供 C2C 的交易模式，爲了解決網路買賣交易時，資金支付的安全與效率問題。所以於 2004 年成立第三方支付系統－「支付寶」，以解決支付上的問題。由於支付寶的出現，使得網路交易貨款同步交割的問題獲得改善；且由於它提供了便利性，也開啓了中國電商金融發展的新紀元。

二、徵信放款

傳統銀行收取存款戶的資金後，再對欲進行放款的對象進行信用審查，再進行「放款」或「透支」的服務。電商公司所從事的「類融資」業務，首先是將眾多網戶在儲值帳戶裡的小額資金籌集起來，再搜集欲放款對象，以往在電子商務中所留下的交易紀錄以及外部資料，並利用這些巨量的資料進行大數據分析，當作徵信的依據，最後再進行「放款」或「透支」的服務。

中國的電商公司所推出的小額貸款，其中，以阿里巴巴推出的「螞蟻小貸」、「騰訊」推出的「微粒貸」、京東推出的「京東貸」較為活躍。這些電商公司承辦小型貸款的主要目的，是基於在互聯網上的微型企業與小型商家的創業者，因為較不易向銀行融資，所以希望藉由網路化的小額貸款服務，幫助這些微小型公司解決融資上的困難。

另外，電商公司為了服務網戶，在網上消費資金不足時，可以讓網戶採取分期付款的方式、或者讓網戶先行消費，下月才進行付款的服務；此種預付的服務，較相似於傳統銀行給與客戶一個預先透支的貸款額度；也有點類似信用卡的功能，先消費延後付款的服務。從事此項消費性的金融服務，如：阿里巴巴集團的—「螞蟻花唄」就提供優質的網戶於自家的「淘寶網」、「天貓商城」消費時，預先使用透支額度，通常有一段期間為免息期；若將來逾期未還，則需繳納每日 0.5 ‰ 的手續費。

此外，因為電商公司變相的從事小額的放款，因此必須針對放款對象進行信用調查，所以也順理成章的成立信用評級公司。例如：阿里巴巴集團的—「芝麻信用管理公司」。電商公司所成立的信用評級，乃利用互聯網的大數據資料去挖掘小型網戶的信用，建立了一套信用風險控管體系，幫助網戶累積與創造信用，以讓信用來決定貸款的額度。

三、信託投資

傳統銀行信託部門裡，有一種「集合管理運用帳戶」是指銀行集合特定信託人，並簽訂「集合管理運用契約」，幫委託人集中管理運用資金。電商公司所從事的「類信託投資」業務，是將眾多網戶儲值帳戶裏，暫時不用的小額資金籌集起來，再將資金集中轉至另一個帳戶，並幫這些集結的資金進行投資。

例如：阿里巴巴的—「餘額寶」，就是將眾多網戶在「支付寶」儲值帳戶內，暫時不用的閒置資金，全部集結起來放入另一個共同帳戶—「餘額寶」；電商公司再將「餘額寶」內的資金，幫所有網戶投資一檔「天弘增利寶」貨幣型基金。因貨幣型基金的年報酬率較銀行活儲高、且兼具安全性與流動性，所以等同於網戶原本放在「支付寶」儲值帳戶，不會產生利息收入的資金，透過「餘額寶」這種「類集合管理運用帳戶」，創造出利益。此舉讓網戶將閒置資金，得以充分運用，創造更高的收益。

四、財富管理

傳統銀行會幫存款客戶進行財富管理，通常會建議客戶購買銀行所代銷的理財商品（例如：基金、保險等）。電商公司所從事的「類財富管理」業務，是成立一個理財平台，並從正式的金融機構，引進各式的理財商品至平台，再建議網戶可利用儲值帳戶裏的資金，去進行投資。此外，理財平台可使用大量的人工智慧，提供網戶個人最佳化的資產管理，並收取較低的管理費用。所以這些平台的理財服務，也就是一般所認定的「機器人理財」（Robot Advisers）之範疇。

例如：螞蟻金服集團的—「招財寶」與「螞蟻聚寶」，就是將眾多網戶在「支付寶」的資金，建議移轉至理財平台，平台上的主要理財商品包括三大類：中小企業貸款、基金與保險。所以理財平台為中小型投資者，提供便捷的小額網路理財服務；並為中小企業和個人提供高效率、低成本的網路融資服務。此外，阿里巴巴與騰訊電商公司、以及平安銀行，共同出資成立的網路「眾安保險」公司，也為財富管理平台，提供各式各樣的保險商品，提供互聯網用戶保險的需求。

五、投資銀行

傳統的銀行的種類中，有一種「投資銀行」的機構、或者是證券公司裡的承銷部門，這兩種機構其主要的負責的業務，乃是協助企業發行有價證券（如：股票），並利用股權來籌集資金，以讓企業能夠獲得營運資金。電商公司所從事的「類投資銀行」業務，是成立一個股權募資平台，提供網戶可利用儲值帳戶裏的資金，進行股權投資行為，並可為互聯網上的小微與新創企業，提供股權融資的服務。

　　例如：「螞蟻達客」就是螞蟻金服集團旗下，提供股權募資與投資的網路平台，其為互聯網內的小型與新創企業，提供股權融資的服務，也為網戶提供股權投資的機會。所以互聯網內的企業，可透過平台籌措資金，以獲得生產與營運資金；投資人亦可透過平台，尋找企業成長的投資機會。

六、直銷銀行

　　傳統的銀行的經營型態中，幾乎都會設立營業據點，以提供客戶各種金融服務。但有一種經營型態稱為「直銷銀行」（Direct Bank），是幾乎不設實體營業據點，早期是利用郵寄、電話等方式進行金融服務，現在則是利用網路的通路，在進行營業。現在的電商金融的營運模式，也是依靠網路所興起的，所以電商公司所成立的「電商銀行」，當然也是運用網路通道，進行金融服務。

　　由於阿里巴巴集團之前的電商金融業務，已經涉及多項的金融服務，但礙於沒有正式的金融機構執照，因此該國政府也順勢讓電商金融能就地合法，允許電商公司成立「電商銀行」或稱「網商銀行」，以便利於監管。因此電商所成立的銀行，乃採直銷銀行的營運模式，幾乎不設營業據點；既使有，也是採取簡易的無人分行視訊交易模式，所以幾乎所有的金融業務，都利用網路與客戶進行交益活動。

　　例如：螞蟻金服集團成立的「浙江網商銀行」、以及騰訊集團所成立的「深圳前海微眾銀行」，其服務對象是以互聯網會員為主。且會將核心系統架構在雲端上，利用網路方式經營，且幾乎不會設立實體據點，也不涉及收受現金業務。通常網戶透過桌上型電腦或智慧型手機，即可辦理金融業務；並利用視訊的人臉辨識技術、與大數據分析網戶的信用狀況，以進行開戶與貸款等多項金融業務。

金融大視界

螞蟻金服整改五大方向　轉成「金融控股公司」

資料來源：節錄自臺灣英文新聞 2021/04/03

　　阿里巴巴旗下網路金融服務公司螞蟻集團二度被人民銀行（中國央行）約談，達成五大整改協議，強調斷開支付寶與網路消費信貸產品「花唄」及網路貸款服務「借唄」等其他金融產品的不當連接，依法持牌經營個人徵信業務，並且螞蟻集團整體申設為金融控股公司，所有從事金融活動的機構全部納入金融控股公司接受監管。螞蟻集團整改內容主要包括以下五個方面：

一、糾正支付業務不正當競爭行為，在支付方式上給予消費者更多的選擇權，斷開支付寶與「花唄」、「借唄」等其他金融產品的不當連接，糾正在支付鏈路中嵌套信貸業務等違規行為。

二、打破信息壟斷，依法持牌經營個人徵信業務，遵循「合法、最低、必要」原則收集和使用個人信息，保障個人和國家信息安全。

三、螞蟻集團整體申設為金融控股公司，所有從事金融活動的機構全部納入金融控股公司接受監管。

四、嚴格落實審慎監管要求，完善公司治理，認真整改違規信貸、保險、理財
　　等金融活動，控制高槓桿和風險傳染。

五、管控重要基金產品流動性風險，主動壓降「餘額寶」餘額。

　　由於中國的金融體制較不完善，使得電商金融在該國大行其道。但因其營
業範圍與規模，已到達足以影響整金融體系，並產生不可預期之風險。因此該
國監理單位出手，希望阿里巴巴旗下掌管電商金融的「螞蟻金融」能夠轉型且
須受監理規範。

1. 請問金融科技的主導機構通常為何？

2. 請問利用手機進行行動支付，依據支付的感測模式，大致可分為哪兩種模式？

3. 請問 P2P 借貸平台，有哪幾種運作模式？

4. 請問群眾募資平台，有哪些運作模式？

5. 請問全球最早誕生的加密虛擬貨幣為何？

6. 請問現今全球最大的第三方支付為何？

Appendix A

中英文索引表

國家圖書館出版品預行編目資料

金融創新:商品與模式 / 李顯儀　編著.
- -二版. - - 新北市：全華圖書，2021.11
　　面　；　公分
　ISBN 978-986-503-959-2(平裝)
　1. 金融市場　2.金融商品
561.7　　　　　　　　　　　110017632

金融創新－商品與模式（第二版）

作者 / 李顯儀

發行人 / 陳本源

執行編輯 / 呂昱潔

封面設計 / 楊昭琅

出版者 / 全華圖書股份有限公司

郵政帳號 / 0100836-1 號

印刷者 / 宏懋打字印刷股份有限公司

圖書編號 / 0823801

二版一刷 / 2021 年 11 月

定價 / 新台幣 400 元

ISBN / 978-986-503-959-2　 (平裝)

全華圖書 / www.chwa.com.tw

全華網路書店 Open Tech / www.opentech.com.tw

若您對本書有任何問題，歡迎來信指導 book@chwa.com.tw

臺北總公司(北區營業處)
地址：23671 新北市土城區忠義路 21 號
電話：(02) 2262-5666
傳真：(02) 6637-3695、6637-3696

南區營業處
地址：80769 高雄市三民區應安街 12 號
電話：(07) 381-1377
傳真：(07) 862-5562

中區營業處
地址：40256 臺中市南區樹義一巷 26 號
電話：(04) 2261-8485
傳真：(04) 3600-9806(高中職)
　　　(04) 3601-8600(大專)